나는 매일 조금씩 강해진다

나는 매일 조금씩 강해진다

나는 매일 조금씩 강해진다

불안과 걱정에 지지 않는
자신감 강화 프로젝트

Confident
by Choice

후안 벤다냐 지음 | 박선령 옮김

비즈니스북스

나는 매일 조금씩 강해진다

1판 1쇄 인쇄   2026년 3월 3일
1판 1쇄 발행   2026년 3월 9일

지은이 | 후안 벤다냐
옮긴이 | 박선령
발행인 | 홍영태
편집인 | 김미란
발행처 | (주)비즈니스북스
등 록 | 제2000-000225호(2000년 2월 28일)
주 소 | 03991 서울시 마포구 월드컵북로6길 3 이노베이스빌딩 7층
전 화 | (02)338-9449
팩 스 | (02)338-6543
대표메일 | bb@businessbooks.co.kr
홈페이지 | http://www.businessbooks.co.kr
블로그 | http://blog.naver.com/biz_books
페이스북 | thebizbooks
인스타그램 | bizbooks_kr
ISBN 979-11-6254-465-5   03190

비즈니스북스는 독자 여러분의 소중한 아이디어와 원고 투고를 기다리고 있습니다.
원고가 있으신 분은 ms1@businessbooks.co.kr로 간단한 개요와 취지, 연락처 등을 보내 주세요.

나보다 더 나를 믿어 준 아내 가브리엘라에게 이 책을 바친다.

당신이 곁에 없었다면 지금의 나는 존재하지 않았을 것입니다.

자신감이 강한 사람들은 어떤 사람들일까?

자신감을 키운다는 것이 가능할까?

우리는 근육을 만들거나 꽃을 가꾸거나 케이크를 굽는 방법을 안다. 헬스장에 가고 식물에 물을 주고 레시피를 따라 하면 웬만한 결과를 만들어 낼 수 있다는 것도 안다. 처음에는 작은 근육, 작은 씨앗 몇 개, 잡다한 재료로 시작하더라도 적절한 행동과 약간의 연습, 충분한 시간을 투자하면 소박했던 시작을 강력한 결과로 바꿀 수 있다.

하지만 자신감도 마찬가지일까? 어느 날 아침에 일어나 자신감을 더 키워야겠다고 작정하고 일련의 단계를 따라가기만 하면 바라는 만큼의 자신감을 기를 수 있을까?

이렇게 말할 수 있어서 기쁜데, 가능하다. 셀 수 없이 많은 경험담과 사례, 과학이 이를 증명한다. 혹시 여러분이 이 말을 믿지 않더라도 나는 이해한다. 나도 그랬다. 내가 실제로 해보기 전까지는.

"어떤 사람들은 소통 능력을 타고나는데, 넌 아니야."

언젠가는 의사소통 전문가가 되고 싶다는 막연한 꿈을 꿀 때마다 고등학교 때 영어 선생님 H가 했던 이 말이 떠오른다. 내가 재능 있는 연설가가 아니라는 사실을 항상 상기시키는 정말 야속한 말이었다. 당시 나는 성공한 어른이 될 수 있으리라는 자신감이 이미 바닥난 상태였기 때문이다.

H 선생님이 내 미래의 말하기 능력에 대해 부탁하지도 않은 진단을 내리기 훨씬 전부터 의사들은 내가 달리는 데 문제가 있다고 지적했다. 정확히 말하면 달리지 '못하는' 문제였다. 경보보다 더 빠른 속도로 발을 움직이려고 할 때마다 옆구리에 극심한 통증이 밀려와 온몸을 덮쳤다. 아무도 통증의 원인을 알아내지 못했고, 여러 번 병원을 찾은 끝에 결국 의사들은 달리다가 통증을 느끼면 즉시 멈추라고 했다. 그렇지 않으면 정말 심각한 일이 생길지도 모른다는 것이었다. 십 대 때는 누구보다 빠르게 400미터를 걸을 수 있었지만 달리기는 불가능했다. 그러니 프로 운동선수가 되고 싶다는 생

각은 꿈도 꾸지 못했다.

속도 면에서 부족한 부분을 과체중으로 채웠다. 심한 비만 수준은 아니었지만 아버지가 "후안, 넌 뚱뚱해. 세상에 그보다 더 나쁜 건 없어." *Juan, estás gordo y no hay nada peor en el mundo*라고 말씀하실 정도였다. 아버지는 왜 그 말을 스페인어로 했을까? 음, 이제 내 민족적, 국가적 정체성의 위기에 대해 이야기해 보겠다.

나는 니카라과계 캐나다인이다. 일반적으로 사람들이 상상하는 모습과 전혀 다르다. 키가 크고 녹색 눈에 금갈색 머리카락을 지녔으며 그리고 피부색은 하얀 편이다. 어떤 사람들에게는 전혀 나쁘게 느껴지지 않을 특징이다. 사실 내 이름이 존 베이커였다면 그런 특징이 장점이 되었을 것이다.

하지만 내 이름은 존 베이커가 아니라 후안 벤다냐다. 그래서 내가 어릴 때는 가족들도 나의 인종에 의문을 품었다. 주변 사람들은 나를 첼레chele라고 불렀다. 이는 피부가 하얀 니카라과인을 뜻하는 스페인어 속어인데 내게는 전혀 친근하게 들리지 않았다. 오히려 내가 진짜 니카라과인이 아니라는 사실을 끊임없이 일깨워 주었다. 나를 잘 아는 니카라과인들만 나를 첼레라고 부른다.

니카라과 현지인들은 대부분 나를 미국 관광객으로 오인해 그링고gringo (중남미에서 미국인을 경멸하는 단어—옮긴이)라고 부른다. 내가 자란 캐나다에서도 비슷하게 모욕적인 말을 자주 들었다. 어릴 때 사람들은 내 이름을 계속 틀리게 발음하면서 놀려 댔고 내가 입양아라는 소문을 내기도 했다. 고등학교에 진학할 무렵에는 이런 상황에 적응하는 방법을 터득하긴 했다. 어쩔 수 없이 얻은 교훈이었다.

중학교 시절에는 내 몸무게와 밝은 피부색 그리고 이상하게 높은 목소리 때문에 좋지 못한 관심을 받았다. 아무 이유도 없이 맞고, 학교에서 가장 덩치가 큰 불량배에게 살해 협박을 당하고, 이런 비아냥도 많이 들었다.

- "너네 나라로 돌아가."
- "너 입양아지?"
- "이름이 후안인 백인도 있냐?"
- "아무도 널 좋아하지 않아."
- "너랑 대화하는 건 시간 낭비야."

어느 범주에도 딱 들어맞지 않는 내 자신을 보호하기 위해 나는 모든 범주에 적당히 어울리는 법을 배웠다. 방어 기제로 시작한 일은 곧 인기를 얻는 도구가 되었다. 적절한 말투와 적절한 옷차림, 활기찬 태도만 있다면 금세 연극부 아이들과 어울릴 수 있었다.

성격이 조금 바뀌자 내 능력으로는 절대 들어갈 수 없었던 운동 팀 남자아이들이 방과 후에 나를 파티에 초대했다. 사진에는 별로 관심이 없었지만 사진부 아이들은 나를 좋아했다. 브레이크댄스는 할 줄 몰랐지만 브레이크댄스 부원들과 어울렸다.

학교에서 뭔가 배운 게 있다면 세상 사람들에게 내가 바로 그들이 원하는 사람임을 알리는 방법이었다. 실제로 내가 유일하게 좋은 성적을 받은 수업은 의사소통 중심의 환경에서 진행된 연극 수업이었다. 그래서 H 선생님이 내 의사소통 능력을 비난했을 때 특히 마음이 아팠다. 그래도 어떻게든 선생님이 한 말을 애써 무시하고 다시 사람들과 어울리는 데 집중했다.

그러던 중에 그녀를 만났다.

그링고 후안 같은 애는 절대 사귈 수 없으리라 생각했던 아름다운 금발의 치어리더였다. 당연히 나는 그녀에게 완전히 빠져들었다. 그리고 놀랍게도 그녀도 내 마음에 화답했다. 우리는 앞으로의 모든 삶을 함께 계획했다. 어느 도시로 이사할지, 어떤 집을 살지, 어떤 품종의 개를 키울지, 어떤 차를 몰지까지 말이다. 그런데 스무 살이 되었을 때 그 관계가 갑자기 끝났다. 그리고 그와 함께 마지막 남은 내 자신감마저 사라졌다.

괴롭힘당하던 뚱뚱한 아이를 가리고 있던 위장이 갑자기 사라지자 자신감이 부족한 내 진짜 모습이 드러났다. 여자친구와 헤어진 뒤 나는 세상과 단절되었다. 대학 수업도 듣지 않고, 집 밖으로 나가는 것도 거부하고, 아예 침대에서 일어나지 않는 날도 많았다. 남들보다 조금 더 먹던 간식의 양이 갑자기 폭식증처럼 늘었고, 금세 풍

선처럼 몸이 부풀어 올랐다.

음식이 충분한 위안을 주지 못하자 술을 찾았다. 처음에는 금요일 밤에만 마시다가 곧 토요일에도 마셨다. 삶에 대한 불만을 달래다 보니 화요일 밤까지 계속 술을 마시게 되었다. 이렇게 4~5일 내내 술을 마신 끝에 결국 알코올 중독으로 구급차에 실려 병원에도 가게 되었다.

미래도, 여자친구도 없는 20대의 나는 이제 표준 체중보다 34킬로그램이나 더 나가는 의학적 비만 상태가 되었다. 자신감 부족 때문에 완전히 무너져 내린 것이다.

그런 상황에서 걸려온 전화 한 통이 내 목숨을 구하고 자신감을 얻는 방법까지 가르쳐 줄 줄은 꿈에도 몰랐다. 자신감을 타고나지 못한 나도 그것이 가능했다. 자신감은 비만에 괴롭힘당하고 우울증에 시달리는 그링고 후안을 비롯해 누구나 자신의 삶을 바꾸기 위해 이용할 수 있는 기술이었다.

작게 시작하면 두려움이 사라진다

"안녕, 후안! 캘리포니아에 잠깐 와서 우리 집 소파에서 지내는 게 어때요? 새롭게 시작할 계기를 찾을 수 있을 것 같은데 말이에요."

나는 항상 루이스를 좋아했다. 그는 좋은 친구일 뿐만 아니라 내가 가지지 못한 것을 많이 가지고 있었다. 그는 천성적으로 사람들과 잘 어울리는 강연가다. 소통 능력이 뛰어나며, 그해에 베스트셀러를 내기도 했다. 항상 자신감이 넘쳤다. 그래서 나는 로스앤젤레스행 비행기에 올랐다.

루이스의 집 소파에서 지내면서 그의 삶을 가까이서 지켜보았다. 그는 항상 일찍 일어났고 운동광이며 개인 코치 겸 전문 강연가로 활약했다. 그의 주간 일정에는 거의 늘 강연 일정이 포함되어 있었다. 내가 꿈꾸던 일이었다. 그의 전문적인 재능은 내게는 없는 타고난 자신감에서 우러나는 듯했다.

하지만 묘하게도 그가 살면서 겪은 많은 굴곡은 나와 비슷한 것들이었다. 교사들은 그에게 큰 성공을 거두지 못할 것이라고 말했고 주의력결핍증ADHD 진단도 받았다. 고등학교 때는 성적 불량으로 퇴학당할 뻔했는데 루이스에게 질린 영어 교사가 다시는 그를 볼 일이 없게 F가 아닌 D-를 준 덕분에 간신히 졸업할 수 있었다. 그랬던 그가 지금은 비즈니스 리더들을 지도하고 언론과 인터뷰를 하며 세상에 자신의 전문 지식을 제공하고 있다. 분명히 그는 자신감을 타고난 사람일 것이다. 그렇지 않은가? 그래서 루이스에게 직접 물었다.

"처음에는 나도 자신감이 별로 없었어요. 하지만 내가 원하는 것에 집중할수록 목표를 향해 나아갈 수 있는 에너지가 커지더라고요."

"힘든 날은 어떻게 버텼나요?" 내가 물었다.

"불편함을 받아들이고 그냥 행동을 취해요. 그 결과는 이런 식으로 계속 나아가야 한다는 증거가 되죠."

그 순간, 루이스는 자신이 누군가에게 방금 자신감 사이클의 씨앗을 심었다는 사실을 자각하지 못했을 것이다. 솔직히 나도 잘 몰랐다. 그때는 그의 말을 거의 이해하지 못했다. 하지만 빈털터리에 여자친구도 없고 과체중인 내가 그의 집 소파에서 잠을 자는 동안 그는 내가 항상 원했던 근사한 삶을 살고 있었다.

그의 방식대로 해보는 것이 어떨까? 루이스의 말 가운데 적어도 '에너지를 찾아 행동을 취해야 한다'는 것 정도는 이해했다. 그래서 그렇게 했다. 나는 루이스와 나눈 대화나 캘리포니아의 화창한 날씨 덕분에 이미 꽤 기분이 좋아진 상태였고 이를 통해 초기 단계에 필요한 활력을 얻었다.

나는 내 삶에서 이루고 싶은 변화를 차근차근 목록으로 만들었다. 게다가 보너스로, 앞으로 몇 달 동안은 계속 루이스와 얼굴을 맞대고 지낼 수 있다. 루이스는 나와 비슷한 어려움을 겪었고 자신감을 타고나지 않은 것이 분명하지만 그럼에도 내가 원하는 삶을 살아가고 있지 않은가? 나는 이 모든 것을 새로운 일상의 깨달음으로 삼았다.

처음에는 전면적인 변화를 시도했지만 큰 진전을 이루지 못했다. 사실 대부분 실패했다. 예를 들어 일찍 일어나려고 노력했다. 아침

6시, 6시 2분, 6시 5분, 6시 9분까지 알람을 네 개나 맞춰 놓았지만 여전히 10시가 넘어서야 일어났다. '아는 사람들에게 이메일 50통 보내기' 같은 직업 관련 목표도 세웠지만 한 시간 동안 컴퓨터 화면만 응시하다가 끝났다. 한번은 오늘의 도전 과제 목록에 '몸에 좋은 음식 먹기'를 추가했지만 결국 피자를 먹었다. 그것도 몇 조각 정도가 아니라 한 판을 다 먹어치웠다.

그래도 멈추지 않고 계속 노력했다. 그러다 보니 조금씩 변화가 생기는 것이 보였다. 가장 큰 변화 가운데 하나는 이렇게 다시 시도할 때마다 자신을 제한하는 믿음과 정면으로 마주하게 되었다는 것이다. 실패할 때마다 혹은 거의 실패할 뻔할 때마다 머릿속에서는 늘 같은 목소리가 들렸다.

- "넌 살을 빼는 데 성공한 적이 없어."
- "너는 이 일을 계속하지 못할 거야."
- "그만두는 게 나을걸."
- "넌 패배자야."

하지만 이번에는 뭔가 새로운 느낌이 들었다. 불편함을 딛고 일어서라는 루이스의 조언에 영감을 받아, 머릿속에서 떠들어 대는 부정적인 목소리를 헤쳐 나갔다. '행동하는 것은 곧 내가 올바른 방향으로 나아가고 있다는 증거'라는 사실을 되새겼고, 덕분에 실패를 겪으면서도 계속 나아갈 힘을 얻었다.

캘리포니아에서의 여행을 마치고 캐나다 토론토 집에 돌아오자 약간의 추진력이 생겼다. 크게 달라진 것은 없었지만 계획 비슷한 것도 세웠다. 두렵더라도 원하는 것에 집중하고 아마 실패하겠지만 그래도 다시 시도하자는 계획이다.

이 게임의 첫 번째 단계는 내게 영감을 주거나 생기를 느끼게 하는 것, 즉 루이스가 '에너지'라고 부른 것을 찾아내는 것임을 알게 되었다. 루이스의 그 말은 정말 도움이 되었다.

그래서 더 작은 변화, 엄청난 결과를 가져올지도 모르는 아주 작은 변화에 집중했다. 일찍 일어나서 30분 정도 가벼운 운동을 한 다음 집에 돌아왔다. 이메일을 열 통 보내고, 영감을 주는 글을 읽은 다음 다시 이메일 열 통을 보냈다. 이렇게 계속 움직이다 보면 올바른 방향으로 나아갈 수 있을 듯한 기분이 들었다.

루이스는 내 삶에 에너지를 더하면 자신감 사이클을 시작하고 결국 증거를 얻게 될 것이라고 가르쳐 주었다. 뭔가 작은 일을 해내거나 시도할 때마다 내 안에 긍정적인 무언가를 불러일으키기에 충분한 증거가 생겼다. 어쨌든 노력했잖아, 후안! 그리고 거기서부터 새로운 사이클이 시작되어 다시 시도로 이어졌다. 계속 일어설 수 있는 에너지와 그런 에너지를 계속 만들어 낼 수 있는 증거 덕분에 작은 성과를 얻기도 했다.

물론 힘들고 엉망이었다. 실패를 거듭했다. 6개월 넘게 내 삶에 아무런 변화가 일어나지 않는 시기도 있었다. 하지만 전반적으로 뭔가 효과가 있다는 것을 알 수 있었고, 이를 통해 자신감을 얻었다. 불편함을 느껴도 밀고 나가면 된다는 것을 알게 되자 고통스럽더라도 다시 시도하고 싶은 생각이 들었다. 종종 포기하고 싶을 때도 있었지만 마법처럼 자신감이 생기기를 바라기보다는 변화의 불씨가 될 새로운 에너지를 찾는 것이 첫걸음이라는 사실을 깨달았다. 한층 활기가 도는 기분이었다.

너덜너덜해진 삶을 회복하기까지

그래서 에너지를 찾고, 행동을 취하고, 실패하고, 다시 시작하는 똑같은 패턴을 계속 따르기로 했다. 내가 집중한 주요 분야 중 하나는 열두 살 때부터 꿈꾸던 직업 강연가가 되는 것이었다. 그간 배운 교훈인 '에너지를 가지고 시작하라'를 바탕으로 하루 두 시간씩 연습했다. 웹사이트도 만들었다. 코딩 경험은 없었지만 일단 시도했다. 웹사이트를 구축해서 운영하게 되자 내가 해낸 일이 더 자랑스러웠다. 그후 캐나다 토론토에서 차로 5시간 이내 거리에 있는 이벤트 기획자들에게 이메일을 보내기 시작했다.

2주 동안 35시간에 걸쳐 이메일을 보낸 끝에 토론토 대학교 학생 일곱 명을 상대로 강연할 기회를 얻었다. 심지어 보수까지 받았다.

머그잔 하나이기는 했지만 말이다. 정말 기뻤다.

　그 강연을 하게 됨으로써 하던 일에 더 진심으로 전념할 수 있었고 한층 적극적으로 행동하는 데 필요한 에너지가 생겼다. 그래서 이메일을 더 많이 보냈다. 계속 거절당하고 또 거절당했지만 결국 또 다른 기회가 찾아왔다. 그리고 다른 강연 요청도 이어졌다. 마치 성공이 성공을 불러오는 것처럼 일이 늘어나기 시작했다. 어느새 나는 직업 강연가가 되어 있었다.

　루이스를 만나러 캘리포니아로 갔던 때로부터 8년 뒤, 나는 한 카페에 앉아 있었다. 그때쯤 루이스의 거실에서 시작된 작은 성공이 점점 더 커져서 나는 새로운 사람이 되어 있었다. 체중이 너무 많이 줄어서 어떤 이들은 나를 알아보지도 못했다.

　미운 오리 새끼 같았던 내 이름과 피부색이 완전히 편안하게 느껴졌고 나는 항상 꿈꿔 왔던 직업 강연가가 되었다. H 선생님이 '넌 절대 할 수 없다'고 했던 바로 그 일을 하게 된 것이다. 북미 전역으로 강연을 다니고 《포춘》 500대 기업에서 리더십과 최고의 성과에 대한 기조연설을 하면서 경제적 자립도 이루었다.

　커피를 마시면서 누구라도 궁금해했을 질문을 나에게 던졌다. '어떻게 여기까지 왔을까?' 자의식이 강하고 남들에게 늘 괴롭힘을 당하고 표준 체중보다 34킬로그램이나 더 나가던 그렇고 후안이 어떻게 아메리칸 익스프레스, 소니 픽처스, 디즈니 같은 기업과 일하는 국제적인 동기 부여 전문가가 되었을까? 어릴 때는 자신감이 전혀, 아예, 눈곱만큼도 없었다. 고등학교 때 조금이나마 키웠던 자신감은 여자친구와 헤어지면서 사라졌다. 하지만 성인이 된 지금은 수천 명의 리더들 앞에서 강연하고 있다. 이런 생각에 잠긴 것은 나 자신에게 깊은 인상을 주기 위해서가 아니다. 사실 나는 답을 찾고 싶었다. 어떻게 자신감이라고는 전혀 없던 내가 이렇게 자신감 넘치는 사람이 될 수 있었을까?

나는 지난 10년을 하나의 장대한 이야기처럼 정리해 보기 시작했다. 우리의 삶은 모두 이야기이지 않은가. 예상치 못한 변화가 시작되던, 내 인생의 중요한 전환점인 루이스 집의 거실로 돌아가자 무언가가 눈에 띄었다.

루이스는 다른 보통의 사람들과 완전히 반대되는 순서로 자신감을 실천하는 모습을 보여 주었다. 그는 일단 행동을 취하고 거기서 증거가 생기는 모습을 지켜본 다음 자신의 결정을 통해 자신감이 커지도록 했다. 그때까지 나는 항상 내 삶과 자신감의 관계를 그와 반대되는 관점에서 바라보았다. 아마 여러분도 늘상 그랬을 것이다. 바로 '기존의 자신감 수준'을 기준으로 삼아서 어떤 행동을 취할지를 정한 것이다.

게다가 나는 자신감을 통제하지 못했다. 주변 환경, 내가 얼마나 인기가 있는지, 다른 사람들이 나를 어떻게 생각하는지에 대한 생각이 뒤섞여 머리가 복잡했다. 이 모든 것을 종합해 보면 자신감 점수가 나온다. 괴롭힘당하고 과체중인 그렁고 후안은 자신감이 낮았다. 고등학교 때 카멜레온처럼 모습을 바꾸어 가며 인기를 얻는 법을 배우면서 자신감이 높아지기도 했다. 꿈에 그리던 여자친구를 사귀었을 때는 자신감의 정점에 있었다. 그러다가 여자친구가 떠나면서 완전히 무너졌다. 그런 식으로 자신감이 좀 오를 만하면 다시 자기 회의에 빠지는 상황이 반복되었다. 루이스와 대화를 나누기 전까지 내 자신감은 그저 그때그때 달라지는 점수판에 불과했다.

하지만 루이스는 자신감이 단순히 변화의 시작점이 아니라 결정과 행동의 결과라는 것을 보여 주었다. 그리고 아마 자신도 몰랐겠지만 결정을 통해 자신감을 키울 수 있는 시스템의 시작점을 알려 주었다. 루이스는 먼저 충분한 **에너지**를 찾고 불편함에 맞설 **용기**를 내고 그것을 이겨 낼 **행동**을 취하고 그 행동을 통해 적어도 무언가를 해냈다는 **증거**를 얻어야 한다고 말했다. 그러면 그 증거가 새로운 에너지의 불꽃을 일으켜 이 사이클이 다시 시작되는 것이다. 바로 그거였다! 카페 테이블에 앉아 다이어리에 낙서를 하며 생각했다. 내 삶의 모든 영역을 돌아보니 루이스가 처음 제안했던 그 사이클이 계속 반복되고 있음을 알 수 있었다.

어떻게 체중을 줄였을까? 헬스장에 다녀오면 어떤 기분일지 생각하며 에너지를 얻었고 '넌 절대 살이 빠지지 않을 거야'라는 불편한 속삭임에 맞설 용기를 낸 다음 행동을 취했다. 그러자 짜잔! 헬스장에 갈 때마다 체중이 준 것은 아니지만 적어도 과체중인 상태로 헬스장에 갔다는 증거가 생겼다. 그 증거가 에너지를 북돋았고 덕분에 다시 사이클이 시작되었다.

나는 내가 개선한 삶의 모든 영역에서 동일한 사이클이 작동하는 것을 확인할 수 있었다. 아직 강연을 한 번도 하지 못한 채 직업 강연가가 되고 싶다는 꿈만 품고 있을 때도 이와 같은 방식으로 시작했다. 전문적인 강연 경력을 위해 내가 직접 만든 웹사이트를 보면서 미래의 기회에 대한 **에너지**를 얻었다. 이를 통해 사람들에게 난데없이 연락하는 불편함을 감수할 **용기**가 생겼다. 그래서 이메일을 보내는 **행동**을 취했고 이제 내가 이메일을 보내 부탁할 수 있다는 충분한 **증거**가 생겼다. 그 증거는 다시 사이클을 시작하기에 충분한 동기가 되었다. 그 과정에서 결국 누군가가 내 부탁을 들어주었고 덕분에 더 큰 에너지를 얻었다. 수많은 사례를 살펴보는 동안 계속 같은 것을 발견했다. 바로 에너지, 용기, 행동, 증거 그리고 이 사이클의 반복이다.

그다음 주에도 이 사이클이 머리에서 떠나지 않았다. 도저히 생각을 멈출 수가 없었다. 그래서 강연하던 도중에 갑자기 말을 끊고 이렇게 말했다. "정말 죄송하지만, 여러분에게 꼭 알려드리고 싶은 새로운 아이디어가 생겼습니다. 자신감을 키우는 비결을 찾은 것 같아요." 그 아이디어를 공유하자 청중들은 열광했다. 내가 똑똑해서가 아니라 그 단순한 방법이 너무나 진실되게 느껴졌고 시작하기도 정말 쉬웠기 때문이다.

리더십에 관한 논문을 쓰고 있다던 박사 과정 학생이 강의실 뒤편에 앉아 있던 기억이 난다. 강연이 끝나자 그 학생이 다가와 온갖 과학적인 질문을 던지기 시작했다. 그러면서 이번 강연은 자기가 지금까지 들어본 자신감에 관한 아이디어 중 가장 흥미롭고 간단한 아이디어라고 했다. 그래서 나는 다른 곳에서도 그 아이디어를 공유하기 시작했고 인터넷에도 관련 글을 올렸다. 표현 방식과 사이클을 다듬어 코칭 클라이언트들에게 테스트했는데 효과가 있었다.

데이샤라는 젊은 여성도 생각난다. 그녀는 내가 '자신감 사이클'이라고 부르는 것을 이용해 순식간에 자신감을 키웠다. 내가 텍사스에서 열린 신진 리더 콘퍼런스에서 기조연설을 할 때 데이샤는 맨 앞줄에 앉아 있었다. 데이샤는 콘퍼런스에 참석하기 전부터 긴장한 상태였다고 한다. 경력을 쌓기 시작한 지 얼마 안된 데이샤는 이 새로운 업계에서 없어서는 안 될 존재가 되고 싶었기 때문에 동료와 잠재적 동료들에게 좋은 인상을 남기려 노력했다. 나는 강연을 하면서 경력 초반부터 자신감을 키우는 것이 중요하다고 말했다. 그리고 자신감 사이클을 언급하면서 자신을 제한하는 고정 관념에 대해 구체적으로 설명했다. 데이샤는 질의응답 시간에 손을 번쩍 들더니 재빨리 다시 내렸다. 마치 의도적으로 손을 든 게 아니라 본능적으로 손이 올라간 것 같았다.

"가장 먼저 손을 들어주셔서 정말 감사합니다." 그녀에게 말했다.

데이샤의 불안한 생각이 마치 말풍선처럼 머리 위에 떠 있는 게 보였다. '바보 같은 질문을 하면 어떻게 하지? 말을 더듬으면 어쩌지? 내가 지금 질문해도 될까?'

나는 데이샤의 머릿속에서 오가는 조용한 대화를 방해하려고 "이름이 뭔가요?"라고 물었다.

"데이샤예요."

"뭔가 물어보려는 것 같았는데 무엇 때문에 손을 다시 내렸나요?"

"제가 하려는 말이 별로 중요한 것 같지 않아서요."

"정말 그런가요?"

"아니요." 데이샤가 천천히 말했다.

"좋습니다. 우리는 누구나 자신을 제한하는 믿음을 품고 있죠. 하지만 자신감 사이클의 측면에서 생각하면 당신은 이미 손을 들었고 그 행동을 통해 뭔가를 증명하지 않았나요?"

그녀는 잠시 생각한 후 대답했다. "아직 준비가 되지 않았더라도 나 자신을 드러낼 수 있다는 사실을 증명했죠."

"맞아요. 그런 사고방식을 또 어디에서 활용할 수 있을까요?"

"제 직업이나… 인간관계… 아니면 처음 만나는 사람들…."

점점 열띤 목소리로 말하는 데이샤를 도저히 막을 수 없었다. 마지막에는 다른 영역에도 같은 원칙을 적용할 경우 자신의 삶에 어떤 일이 일어날 수 있는지에 관한 아이디어를 쏟아 냈다. 먼저 결정을 내리고 그 결정을 통해 자신감을 키운다면 자신이 원하는 삶과 자아상을 만들어 갈 수 있을 것이라는 말도 했다.

데이샤의 얼굴이 환해졌다. 그녀는 자신감 사이클의 힘을 실시간으로 목격했다.

- **에너지**: 처음에는 질문을 하고 싶어서 본능적으로 손을 들었다.
- **용기**: 내가 지목하자 불편한 기분을 느꼈지만 그래도 용기를 내서 대화를 시작했다.
- **행동**: 두려웠지만 계속 자기 생각을 이야기했다.
- **증거**: 데이샤와의 대화가 끝나 갈 무렵 나는 청중들에게 "여러분, 데이샤와 친구가 되고 싶은 분이 이미 계실 것 같은데요?"라고 말했다. 폭발적인 반응이 돌아왔다. 물론 이 모든 것이 데이샤에게 증거가 되었고 삶의 다른 영역에서 이 사이클을 시작할 수 있는 에너지를 불어넣었다.

요즘 데이샤는 참여하는 모든 모임에서 단연 돋보인다. 수줍은 신참은 사라졌고 그녀는 한 걸음 더 내디뎌 주인공 자리에 올랐다.

10년 넘는 시간이 흐른 지금, 나는 일곱 명이 모인 강의실부터 3만 명 규모의 경기장에 이르기까지 다양한 규모의 장소에서 30만 명이 넘는 이들에게 강연을 해왔다. 아메리칸 익스프레스나 디즈니 같은 《포춘》이 선정한 100대 기업과 함께 일했고, 배우, 올림픽 선수, CEO들을 지도하며 내가 평생 고군분투했던 자신감을 키우도록 도왔다. 그 과정에서 내가 깨달은 사실이 하나 있다. 과학적으로도 입증된 사실이다. 바로 '자신감은 키울 수 있다'는 것이다.

이 책에서 그 방법을 알려 주려고 한다. 독자들이 원하는 삶을 만들어 갈 수 있는 단계별 과정을 자세히 설명하려고 한다.

이 책은 자신과 자신이 원하는 것 사이에 존재하는, 눈에 보이지는 않지만 분명하게 존재하는 장벽을 만들어 낸 자기 제한적 신념에 관한 것이다. 그 장벽은 당신이 스스로를 가둔 작은 삶과 잠기지 않은 문 너머에서 당신을 기다리고 있는 아름답고 놀라운 삶 사이에 존재한다.

당신은 삶의 어떤 부분에서 제한적 신념이 자신의 발목을 잡도록 내버려두었는가? 직장에 큰 변화를 일으킬 좋은 아이디어가 있는데 팀원들과 상사, 부서 전체에 그 아이디어를 알리기 직전에 무언가가 당신을 말린다. 사업을 시작하고 싶은 전업주부인데 그 계획을 추진해 다음 단계로 나아가기 직전에 내면의 무언가가 "그만둬! 그건 너에게 맞지 않는 일이야!"라고 말한다. 아니면 연인과의 관계에 문제가 있을 수도 있다. 연애를 시작한 지 몇 달 만에 두 사람 사이에 불편한 긴장감이 발생했다. 그러자 자신은 이렇게 좋은 파트너를 만날 자격이 없다고 생각하면서 둘이 함께할 수 없는 온갖 이유를 지어내는 것이다. 학교, 운동, 육아, 재정, 여행 등 모든 부분에 대해서 똑같은 의구심을 품을 수도 있다.

우리는 모두 내면의 고통, 즉 인생의 경주에서 속도를 내기 시작하는 순간처럼 적절치 못한 시기에 나타나는 심리적 격변을 겪는다. 그 고통과 목소리는 축구 연습 도중이나 연애 6개월 차, 회의 시작 10분 뒤에 발생할 수도 있다. 내가 무슨 말을 하는지 알 것이다. 목소리가 편안한 곳으로 물러나라고, 앞으로 나아가지 말라고, 성장을 멈추라고 말하면 대부분의 사람들은 그 소리에 귀를 기울인다. 우리는 그 목소리가 삶의 모든 영역에서 앞으로 나아가는 데 꼭 필요한 한 가지, 즉 자신감을 훔쳐 가게 내버려둔다.

그런 불편함을 참아 내야만 자신이 원하는 인물, 즉 직장에서 자신 있게 일하는 사람, 애정 가득한 남편, 멋진 아버지, 좋은 친구, 훌륭한 작가, 마땅히 누려야 할 승진을 요구하는 방법을 아는 여성이 될 수 있다면 어떻게 해야 할까? 속도를 늦추라고 말하는 머릿속의 목소리 말고는 다른 아무런 이유도 없이 평생 겁먹은 채로 살아왔다면 어떻게 해야 할까?

단지 자신감이 부족해서 자신을 억눌러 왔다면 그것은 마치 문이 잠기지 않은 감옥에서 사는 것과 같다. 탈출할 수 없을 것처럼 느껴지지만 실제로는 언제든 빠져나올 수 있는 그런 감옥 말이다.

자신감이 생기면 어떤 사람은 자신이 마땅히 누려야 하는 승진을 요구할 것이다. 어떤 사람은 오랫동안 꿈꾸던 회사를 설립할 것이다. 어쩌면 특별한 사람에게 드디어 데이트를 신청할지도 모른다.

자신감이 좀 더 붙으면 관계를 끝낼 자존감이 생길 수도 있다. 우리 모두의 상황은 조금 더 나아질 것이다. 자신감이 생기면 개선 가능한 부분이 당장 하나쯤은 떠오를 것이다.

- "자신감이 커지면 더 괜찮은 배우자가 될 것이다."
- "자신감이 커지면 더 괜찮은 선생님이 될 것이다."
- "자신감이 커지면 더 괜찮은 관리자가 될 것이다."
- "자신감이 커지면 더 괜찮은 ＿＿＿가 될 것이다."

자신감을 키울 수 있다는 내 말을 아직 믿지 못하더라도 당신이 이 책을 선택한 데에는 다 이유가 있다. 당신에게는 나아지고 싶은, 괜찮아지고 싶은 ＿＿＿가 있다. 당신의 ＿＿＿이 무엇이든, 그 목표에 도달하는 데 필요한 자신감을 찾기 바란다.

헬스장은 사람들이 어느 지점에서 시작하든 상관없이 원하는 근육을 키울 수 있도록 도와주는 매우 유용한 장소다. 같은 헬스장에 다니는 사람이라도 시작점은 다 다르다. 나는 헬스장에 가서 실제로 올림픽 선수들이 20킬로그램 감량을 위해 노력하는 일반 사람들과 같은 장비를 사용하는 모습을 보았다. 또 개중에는 그저 탄탄한 몸매를 유지하려고 헬스장에 다니는 이들도 있다. 하지만 똑같은 장비와 똑같은 과정이 그들 모두에게 도움이 된다. 만약 자신감도 근육과 비슷하다면 어떨까?

이 책에서는 수천 명의 기업 임원과 떠오르는 스타 그리고 전업 주부들이 자신감을 키우는 데 도움이 된 올바른 장비와 지침, 과정을 알려 주려고 한다. 당신의 _____에 무엇이 들어가든 그 빈칸을 채우도록 도와줄 것이다.

이제 자신감을 높여 보자.

차례

제5부

애쓰지 않아도 지속되는 '마이크로 증거'의 힘

제 1 부

자신감도
설계할 수 있다

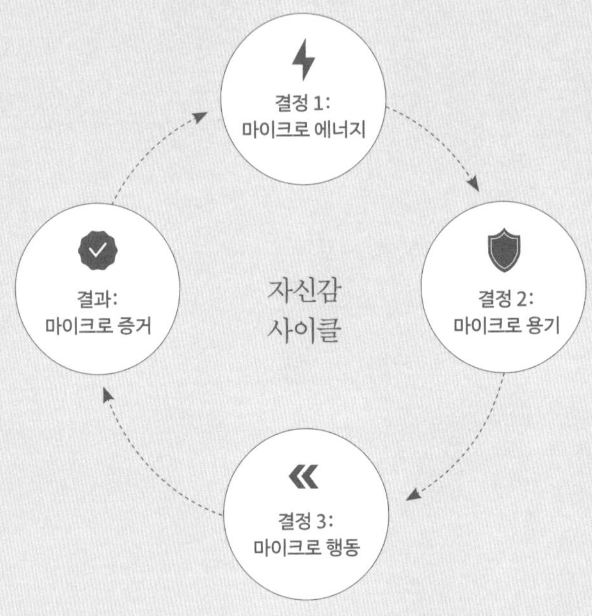

자신감 사이클

마이크로 에너지micro energy → 마이크로 용기micro courage → 마이크로 행동micro action →

마이크로 증거micro proof로 이어지는 자기 강화적 순환 구조

(이 책에서 사용하는 '마이크로'micro는 단순히 '작다'는 의미가 아니라 지금 당장 실행 가능한 최소 단위의 선택과 행동을 가리킨다. 저자의 핵심 개념인 '자신감 사이클'의 구조를 분명히 드러내기 위해 본문에서는 '마이크로'라는 표현을 그대로 사용했다.—옮긴이)

자신감 사이클

자신감이 부족하다고 느껴본 적이 있는가? 중요한 순간에 목소리를 내지 못하고, 하고 싶은 말을 삼키고, 도전해야 할 일 앞에서 주저앉은 경험 말이다. 그때마다 우리는 스스로를 탓한다. '나는 원래 소심해서', '나는 멘탈이 약해서', '나는 타고난 게 없어서'. 하지만 그건 사실이 아니다.

자신감은 타고나는 성격이 아니다. 외향적인 사람만 가질 수 있는 특권도 아니다. 자신감은 누구나 키울 수 있는 능력이다. 마치 근육을 단련하듯 반복적인 훈련을 통해 만들어 갈 수 있다.

제1장에서 소개하는 '자신감 사이클'은 에너지, 용기, 행동, 증거라는 네 단계로 이루어진다. 가벼운 에너지에서 시작해, 작은 용기를 내고, 아주 작은 행동을 실천하고, 그 자체를 성장의 증거로 삼는 것이다. 이 사이클을 반복할수록 자신감은 점점 단단해진다.

중요한 건 완벽한 결과가 아니다. 시도했다는 사실 자체가 증거가 된다. 실패해도 괜찮다. 넘어져도 괜찮다. 다시 일어서서 한 발 내딛는 것, 그것만으로 당신은 이미 어제와 다른 사람이다.

제2장에서는 자신감이 왜 고정된 특성이 아니라 변화 가능한 것인지 그리고 어떻게 한 번에 한 조각씩 자신감을 쌓아갈 수 있는지 살펴볼 것이다.

자신감은 명사가 아니라 동사다

난 재능은 타고나는 게 아니라는 사실을 증명하는 살아 있는 증거다. 내가 초기에 녹음한 노래를 들어 보면 알겠지만 난 기타도 못 치고 노래도 못 하고 작곡 실력도 별로다. 지금의 실력은 전부 부단한 연습을 통해 얻은 것이다. 누구나 처음에는 작은 불씨 하나로 시작한다. 그 불씨를 제대로 키울지 아니면 포기할지가 중요하다. 성공하려면 그 불씨를 공들여 잘 가꾸어야 한다.

_에드 시런Ed Sheeran, **싱어송라이터**

훌륭한 이야기들은 영웅적 투쟁담을 포함하기 마련이다. 그리고 이야기의 주인공은 반드시 그 투쟁에서 승리한다. 당신의 삶에서 당신이 주인공인 것은 분명하다. 그리고 이렇게 자신감에 관한 책을 읽고 있으니 자신감 부족 문제를 극복하는 게 가장 중요한 투쟁이라고 쉽사리 결론 내릴지도 모른다. 그런 생각이 맞을 수도 있다. 하지만 틀린 부분이 하나 있다. 바로 자신감을 키운다고 해서 자신감 부족 문제가 그냥 해결되는 건 아니라는 사실이다.

캐나다에서는 팬케이크, 와플, 크레페, 오트밀, 아이스크림을 먹을 때 메이플 시럽을 뿌리는데, 맛이 없으면 시럽을 더 넣으면 된다. 캐나다에서 쓰는 메이플 시럽처럼 뭔가를 더 늘리거나 추가하면 좋아지는 경우도 많지만 여기서는 그 방법이 통하지 않는다. 자신 감 문제는 단순히 자신감을 더 가진다고 해결되는 게 아닌 까다로 운 문제이기 때문이다. 무슨 얘기인지 자세히 살펴보자.

연구자들은 지난 수십 년간 자신감, 자존감, 자기 효능감 같은 주 제에 감춰진 비밀을 밝히려고 노력해 왔다. 그들은 이 개념을 스포 츠 성적, 리더십 성과, 학업 성취도, 학습 능력 등과 연관 지어 연구 했다. 이런 똑똑한 사람들이 자신감과 관련짓지 않은 주제는 거의 없다. 2021년에는 루마니아에서 회사 직원 300명을 대상으로 자 신감이 온라인 학습 활용 능력과 어떤 관련이 있는지 연구하기도 했다.[1] 하지만 이런 수많은 학술 연구 결과를 확인하지 않더라도 이 미 자신감에 관한 분명한 사실이 하나 있다. 사람들은 누구나 '더 많 은 자신감을 원한다'는 것이다.

흔히 자신감이 커지면 직장에서 더 대담하게 행동할 수 있고 타 인과의 관계가 원만해지며 다양한 목표를 이루게 될 거라고 생각 한다. 우리는 부당한 대우를 받았을 때 거리낌없이 항의하거나 본 인이 정말 원하는 걸 요구할 수 있는 자신만만한 사람을 부러워하 니까 말이다.

문제는 정작 우리는 그런 자신감을 타고나지 못했다는 것이다.

자신감의 요정이 이 마법 같은 자질을 여기저기 분배할 때 우리를 건너뛰었거나 바라는 만큼 넉넉히 나누어 주지 않은 모양이다.

그리고 타고난 자신감의 양은 평생 변하지 않고 그대로 유지된다고 생각하는 이들도 많다. 만약 자신감에 변화가 생길 때가 있다면 그건 우리가 자신에 대해 품고 있는 믿음을 다른 사람이 인정했거나 부정했기 때문이다.

자신감 점수가 상승하는 상황	자기 회의감 점수가 상승하는 상황
직장에서 승진했을 때	관계가 파탄 났을 때
두 번째 데이트 약속을 잡았을 때	직장에서 해고당했을 때
새로운 직장에 취직했을 때	거절당했을 때
긍정적인 피드백을 받았을 때	목표 달성에 실패했을 때
직장에서 프레젠테이션을 완벽하게 해냈을 때	사람들에게 비웃음을 당했을 때
친구들이 내 농담을 듣고 웃었을 때	회의에서 말을 더듬었을 때

우리는 모두 낮은 수준일지언정 처음에는 대개 자신감을 어느 정도씩 갖고 일을 시작하지만 우리 마음속에는 상황에 따라 오르락내리락하는 자신감 점수를 기록하는 거대한 점수판이 존재한다. 이 모든 점수는 기존의 자신감 점수에 합산된다.

안타깝게도 우리는 그러지 못하지만 자신감을 완벽하게 통제하는 듯 보이는 사람도 물론 있다. 그런 이들은 대부분 완벽한 체격에 완벽한 치아와 머릿결을 지녔고 언제 무슨 말을 해야 하는지 잘 안다. 완벽한 배우자와 완벽한 직업, 완벽한 친구도 있다. 자신감 요정이 그들을 찾아갔을 때 신체적 특징부터 의사소통 능력과 멋진 직업에 이르기까지 모든 걸 추가로 더 나누어 준 것 같다. 처음부터 자신만만했지만 세상이 그들의 과분한 장점에 찬사를 보낸 덕에 그들의 자신감은 점점 더 커져만 간다. 글렌 파월Glen Powell이라는 배우(영화 〈탑건: 매버릭〉에서 행맨 역을 맡은 미국 배우—옮긴이)를 아는가? 그는 바로 이런 이들의 대표 격인 사람이다.

하지만 우리 인생이 이런 타고난 우연에 좌우된다고 여겨서는 안 된다. 당연하지만 그건 사실이 아니기 때문이다. 다음 이야기를 주의 깊게 살펴보자. 세상에서 가장 자신감 넘치는 사람에 관한 이야기다. 그 역시 처음부터 그랬던 것은 아니다.

음반 판매량 5,000만 장.[2] 유튜브 조회 수 270억 회.[3] 그래미상 4회 수상.[4] 테일러 스위프트의 믿음직한 친구. 모든 여자가 원할 남자.

에드 시런이 관객들 앞에서 매력적인 악센트로 멋지게 읊조리는 랩이나 그의 루프 페달(소리를 녹음해 반복 재생하는 이팩트 장치—옮긴이), 바람에 흩날리는 머리카락 등을 보면 그만큼 자신감의 화신이라는 칭호가 어울리는 사람도 없다는 생각이 든다. 하지만 사실 그에게는 지금 우리가 아는 에드 시런이 되기 전의 모습이 존재한다. 꾀죄죄한 빨간 머리에 사시인 그는 남의 집 소파를 전전하며 살았고 말까지 더듬는 무일푼의 음악가 지망생이었다. 그런 사람이 자신감을 가질 수 있게 되고 결국 최고의 스타가 되었다면 당신도 가능하지 않을까? 그의 이야기를 잘 살펴보면 그는 매 순간 자신감을 잃을 만한 상황에 처하지만 결국 어떻게든 고비를 넘겼다는 사실을 알게 될 것이다.

1991년생인 시런은 날 때부터 눈에 모반이 있었다. 몇 년 뒤 수술로 이를 제거하려던 의사들이 실수를 저지르는 바람에 사시와 말을 더듬는 증상이 생겼다.[5] 이런 신체적 특징에 붉은 머리카락(영미권에서는 진저ginger라고 부르며 놀림이나 괴롭힘의 대상이 되기도 한다―옮긴이)까지 더해진 시런의 초등학교 시절이 어땠을지 짐작이 갈 것이다. 그는 한 인터뷰에서 "등교하기 전에 매일 울었다."고 말했다.[6]

이것은 정말 슬픈 이야기의 시작이 될 수도 있었지만 다행히 매우 놀라운 이야기의 시작점이 되었다. 시런의 삼촌은 언어 치료를 받아도 낫지 않는 말더듬 증상을 극복하는 데 도움이 되라고 래퍼 에미넴Eminem의 앨범을 선물했고 당시 아홉 살이던 시런은 이 앨범에 푹 빠져 가사를 하나하나 따라 하며 독학으로 랩을 익혔다. 그렇게 랩 연습을 한 덕분에 기적적으로 말더듬 증상이 나았다.

시런은 열여섯 살에 학교를 그만두고 혼자 런던으로 가 음악 경력을 쌓기 시작했다. 음악의 신들에게 초대를 받은 걸까? 아니면 마이클 잭슨의 혼령이 찾아와 언젠가 그가 잭슨의 콘서트 기록을 깰 것이라고 말해 준 걸까? 아니다. 시런은 그저 선택을 한 것이다.

"런던에 처음 갔을 때는 정말 두려웠습니다. 하지만 꼭 그곳에 가야 한다는 걸 알고 있었죠."

시런은 음악계에서 성공하는 비결은 바로 성실함이라는 것을 금방 깨달았다. 그는 기타가 있는 사람이라면 매주 한 번 이상은 공연을 해야 한다고 생각했다. 그래서 거의 매일 밤 공연을 했고 첫해에는 총 300회의 공연을 했다.

열일곱 살이 되고 주변에서 조금씩 유명해지기 시작하자 업계 '전문가'들은 시런에게 루프 페달을 사용하지 말고 랩도 그만두고 노래를 테크노 스타일로 바꾸라고 조언하기 시작했다. 그는 처음에는 그들의 말을 들었지만 곧 자신만의 길을 택했다. 그는 테크노에는 별로 관심이 없고 랩을 좋아했다. 몇 안 되는 그의 팬들도 마찬가지였다. 그는 자기 방식대로 살기로 결심하고 계속해서 빨간 머리 래퍼 겸 싱어송라이터로 활동했다. "사람들이 뭐라든 더 이상 신경 쓰지 않았어요. 그냥 내가 좋아하는 노래를 연주하고 싶었습니다."[7]

2년 뒤인 2009년에 시런은 앤젤이라는 젊은 여성을 만났다. 노숙 생활을 하던 앤젤은 한 자선 단체를 통해 크리스마스 기간에 머물 곳을 구했는데, 시런이 그 노숙자 보호소에서 공연할 때 그녀를 만났다. 시런이 앤젤의 삶을 바탕으로 만든 '디 에이 팀'The A Team이라는 노래는 전 세계적인 히트곡이 되었다. 앤젤의 이야기를 듣고 만든 이 노래는 그의 이야기의 일부가 되어 미국에서 일곱 차례 플래티넘 기록(미국 레코드 산업 협회RIAA가 미국 내에서 100만 유닛 이상 판매된 앨범이나 싱글에 수여하는 것)을 세우고 다른 10여 개 나라에서도 멀티 플래티넘을 기록하는 등 새로운 역사를 썼다.

'디 에이 팀'이 전 세계 라디오 방송국을 강타하면서 시런은 엄청난 명성을 얻었다. 현재까지 그는 1억 5천만 장 이상의 음반을 판매했고 콘서트 투어에서 역대 최고 수익을 올렸으며 2017~2019년 디바이드 투어에서는 단일 투어 최다 티켓 판매 기록을 세웠다.

오늘날 눈부신 조명 아래에서 현란하고 화려한 모습을 뽐내는 시런을 보면 그가 지닌 자신감이 당연하다고 생각하기 쉽다. 하지만 당신이 영국 핼리팩스 출신의 비쩍 마른 빨간 머리 아이인데 사시에 말까지 더듬고 매일 학교에 가기 싫어서 울다가 커서는 남의 집 소파를 전전하는 처지가 되었다고 상상해 보자. 과거의 시런은 지금과 같은 성공을 거두는 데 필요한 자신감을 가질 수 없는 상황이었다. 그러니 자신감에 대한 기존의 생각은 잘못된 게 틀림없다. 자신감은 우리가 가진 게 아니라 직접 만드는 것이다.

그리고 이건 좋은 소식이다. 시런이 자신감을 만들 수 있다면 당신도 할 수 있을 테니까 말이다.

역량이 모자라든 어떻게 살아왔든 상관없다

사람들이 에드 시런을 좋아하는 이유 중 하나는 그가 자신만만하다는 사실을 본능적으로 알아차리기 때문이라고 생각한다. 그는 모델처럼 키가 크지도 않고 몸매와 헤어스타일이 완벽하지도 않으며 목소리도 라디오에서 흔히 듣는 가수들의 목소리와 조금 다르다. 그래서 그가 성공한 이유는 자신감 덕분이라는 것을 은연중에 알아차리는 것이다. 우리의 직감이 맞는 것 같다. 시런의 내면에는 사회의 기대와 상관없이 자신감을 품을 수 있는 무언가가 존재한다. 실제로 그는 한 인터뷰에서 "자기는 미래의 성공을 예견했고 언젠가는 성공하리라는 확신이 있었다"고 말하기도 했다.

하지만 앞서 말한 것처럼 그에게는 그런 자신감을 심어 줄 만한 요소가 전혀 없었다. 마일리 사이러스처럼 슈퍼스타 가문에서 태어나지도 않았고 글렌 파웰처럼 전형적으로 키가 크고 매력적인 외모를 지닌 것도 아니었다. 어쿠스틱 음악에 잘 어울리는 천사 같은 목소리의 소유자이긴 하지만 라이브 공연을 할 때는 그 목소리로 랩을 한다. 대체 무엇일까? 그는 자신감이 넘쳐흐르는 사람이지만 그런 자신감을 가질 근거는 전혀 없어 보인다.

에드 시런의 이야기는 우리가 자신감에 관해 알고 있는 모든 사실이 틀렸음을 입증한다. 자신감과 관련된 4가지 오해, 즉 자신감 있는 사람은 항상 외향적이고, 불안감을 느끼지 않으며, 자신감은

유전적인 성향이고, 먼저 능력을 키워야 자신감이 생긴다는 생각
말이다.

자신감 ≠ 외향성

버락 오바마 전 대통령이 인터뷰하는 걸 본 적이 있는가?

나는 그가 인터뷰하는 모습을 많이 보았지만 '외향적'이라는 단
어를 떠올린 적은 한 번도 없다. 사실 오바마는 수줍음이 많고 심지
어 내향적이라고까지 말할 수 있다. 하지만 항상 몸을 앞으로 숙인
자세로 상대방의 말을 주의 깊게 듣고 질문에 답하기 때문에 진심
을 다해 인터뷰에 임하는 것처럼 보인다. 그의 태도는 자신감 있는
사람이 외향적이라는 첫 번째 오해와 완전히 어긋난다.

그리고 나의 어머니 같은 사례도 있다. 어머니는 니카라과에서
캐나다로 이주할 때 책 한 상자와 단돈 100달러만 들고 왔다. 하지
만 20년 만에 매출이 수백만 달러에 이르는 언어 서비스 회사를 일
궈 내셨다. 어머니는 내가 만나 본 사람 가운데 가장 자신감 넘치는
분이었지만 동시에 엄청나게 내향적인 성격이었다. 말을 많이 할
필요성을 느끼지 못했지만 아무 말 없이도 온몸에서 자신감이 뿜
어져 나오던 분이셨다.

진실은 스스로를 증명할 수 있지만 거짓말은 많은 설득력이 필요
하다. 마찬가지로 진정한 자신감은 거창한 말이나 미사여구가 필요
없다. 물론 외향적인 사람도 자신감을 가질 수 있다. 하지만 둘이 똑

같은 건 아니다. 대체로 내향적인 사람이 외향적인 사람보다 자신감이 강한 경우가 많다.

자신감 ≠ 불안감 제로

흔히 자신감이 넘치는 사람은 불안감을 느끼지 않는다고 생각하는 경향이 있다. 하지만 과연 이것이 말을 더듬고 사시에 매사가 서투른 빨간 머리 아이였던 시런의 사례에 부합하는 생각일까? 그렇지 않다. 그를 묘사하는 말이 그에게 자신감이 부족하다는 뜻 같은가? 아니다. 내 말은 그는 대담한 사람이지만 여전히 어려움을 겪고 있다는 뜻이다.

시런의 이야기를 돌아가자. 그는 런던에 간 첫해에 이미 300회의 공연을 했다. 이런 실천이 용기와 자신감을 키우는 데 큰 도움이 되었을 것이다. 그는 공연할 때마다 두려움이나 의심에 정면으로 맞설 수 있었다.

자신감 있는 사람들을 연구해 보니 그들은 사실 자기 회의로 가득 차 있었다. 하지만 그런 의구심에 대처하는 연습을 끊임없이 한 결과 자신감이 커진 것이다.

자신만만한 사람들도 자기 회의를 느끼는 순간이 많다. 다만 그들은 그런 회의감을 도구 삼아 어려움을 극복하고자 하는 동기를 얻는다.

자신감 ≠ 유전

　자신감을 일종의 유전적 우연성으로 여기는 이들도 많다. 자신감을 파란 눈이나 아름다운 다리, 완벽한 피부와 같은 범주에 넣는 것이다. 어떤 사람은 자신감을 타고나고 어떤 사람은 그렇지 않아 보인다. 자신감을 타고난 사람들은 시드니 스위니Sydney Sweeney처럼 로맨틱 코미디 영화에 출연해 인기를 얻고 〈SNL〉 진행도 맡게 될 것 같다. 하지만 시런에게도 그런 자질이 있었을까?

　물론 그는 좋은 목소리를 타고났다. 하지만 키는 정확히 173센티미터로 큰 편이 아니고 사람들이 팝스타에게 기대하는 전형적인 악동 같은 외모도 아니다. 운동선수로 오해할 만한 체구는 더더욱 아니다.[8] 게다가 사시와 말더듬 증상, 머리카락 문제도 있다. 물론 이제는 빨간 머리가 그의 트레이드마크이긴 하다.

　흔히들 자신감을 가지려면 외모가 일정 수준 이상이거나 지능이 특정한 기준을 넘어야 한다고 생각한다. 과연 그럴까? 예전에 딸이 병에 걸려 고통받고 있는 어떤 남자의 이야기를 들은 적이 있다. 경험 많은 의사가 "수술을 해야 한다."고 직설적으로 말했지만 아직 레지던트 과정도 마치지 않은 듯한 그의 제자 한 명이 단호하게 반대했다.

　"이 병은 제 전공이고 이와 관련해 200페이지 분량의 논문도 썼습니다. 수술이 필요 없는 다른 치료법이 분명 있습니다."

　이런 자신감이야말로 우리가 원하던 것이다. 태어날 때부터 가지고 있던 마법 같은 자신감이 아니라 경험과 전문성에 기반한 흔들리지 않는 자신감 말이다.

우리는 자신이 옳다고 확신할 때 목소리를 낼 수 있는 선천적인 힘을 원한다. 누구나 직장에서 그런 힘을 발휘해야 하는 경우가 종종 있다. 다른 이들이 형편없는 아이디어를 밀어붙이거나 우리가 낸 좋은 아이디어를 가로채는 것을 방관하는 경우가 많다. 마땅히 누려야 하는 승진 기회를 남이 훔쳐 가는 걸 멍하니 보고만 있기도 한다.

어떤 사람은 연인에게 자기가 정말 좋아하는 음식을 솔직하게 털어놓을 수 있는 용기를 원한다. 또 어떤 사람은 사랑하는 이들에게 "조언은 고맙지만 괜찮아요."라고 말할 수 있기를 바란다. 또는 시런이 잘난 체하는 전문가들에 대해 한 말처럼 "남이 하는 말에 꼭 귀 기울이지 않아도 된다. 물론 조언을 받아들여야 할 때도 있지만 무슨 신성한 복음처럼 받들 필요는 없다."[9]

어쩌면 사업을 시작하거나 학교로 돌아갈 자신감을 원할지도 모른다. 혹은 자신의 나이가 연애 시장에 다시 뛰어들기에 너무 많지 않기를, 투자를 시작하기에 너무 이르지 않기를 바랄 수도 있다.

어쨌든 우리는 유전적으로 타고났다거나 자격이 충분하다는 사회적 판단에 의존하지 않는 그런 자신감을 원한다. 또 우리의 피부, 신체, 나이, 능력이 지금 이대로도 충분하다는 확신을 원하며, 다른 누구의 신념도 아닌 자신의 신념에 따라 전진할 수 있는 대담함을 원한다.

이 정도 수준의 자신감은 타고나는 게 아니라 의도적으로 배워야만 하는 것이다.

자신감 ≠ 역량

아마 가장 큰 오해는 먼저 역량부터 갖춰야만 자신감이 생긴다는 생각일 것이다. 우리는 일에 능숙해질수록 그 일에 자신감이 생긴다고 여긴다. 노래를 잘 부르면 노래방에서도 자신 있게 나설 수 있고 글을 잘 쓰면 자기 글에 자신감을 가질 수 있다고 여긴다. 부모로서 경험이 쌓이면 더 좋은 부모가 될 수 있고, 투자에 능숙해지면 더 많은 투자를 할 수 있다고 생각한다.

물론 자신감이 역량에서 비롯되는 것은 어느 정도 사실이지만 여기에는 문제가 하나 있다. 역량이 항상 자신감보다 먼저 존재해야 한다고 믿으면서 살아간다면 당신은 어떤 행동을 취하기 전에 마법처럼 자신감이 생기길 계속 기다리게 될 것이다. 하지만 사실 우리 삶은 이런 생각이 잘못되었음을 생생히 증명한다. 만약 자신감이 역량에 따라 좌우된다면 우리는 걷고 읽는 법도 하지 못했을 테고 회계사, 치과 의사, 모델 등 지금 우리가 하는 일도 결코 하지 못했을 것이다. 즉 새로운 일을 시도할 자신감을 얻기 위해 전문가가 될 때까지 기다릴 수는 없다.

과학 연구는 역량과 자신감의 관계에 대해 많은 것을 알려 준다.

리더십을 연구하는 조지 홀렌벡George P. Hollenbeck과 경영학 교수 더글러스 홀Douglas T. Hall은 직장에서의 자신감 문제를 다룬 심층적인 논문을 함께 썼다. 이들의 뛰어난 통찰력은 논문 마지막의 결론 부분에 나온다.

"우리 메시지에서 가장 중요한 부분은 몇 가지 쉽고 간단한 방법을 통해 자신감을 계발할 수 있다는 사실이다."[10]

여기서 핵심 단어가 '계발'이라는 점을 눈치챘는가? 그들은 슈퍼히어로나 특정한 유전적 재능을 지닌 사람 또는 운 좋은 소수만 자신감을 가질 수 있다고 말하지 않았다. 누구나 자신감을 불러일으킬 수 있다고 말했다.

나도 자신감에 대해 자세히 알아보기 전에는 타고난 자신감 수준이 평생 그대로 유지될 것이라고 생각했다. 하지만 적정 체중보다 34킬로그램이나 더 나갈 때 거울을 보면서 시작된 변화를 통해 자신감은 타고난 성격적 특성이 아니라는 것을 깨달았다. 자신감은 기술이다. 그리고 여느 기술과 마찬가지로 자신감도 연습이 필요하다. 나는 이것이 사실임을 다른 이들의 모습을 통해서도 확인할 수 있었다.

내가 코칭하는 케이틀린은 자신감과 역량의 관계를 아주 멋지게 보여 준다. 케이틀린은 대학 농구 선수로 활동 중인데, 스타플레이어는 아니지만 훌륭한 선수다. 그녀는 항상 자신을 엄격하게 대했다. 농구할 때는 물론이고 심지어 인간관계에서도 실수를 저지를 때마다 자신을 질책했다.

- "케이틀린, 넌 정말 멍청해."
- "케이틀린, 왜 패스를 놓쳤어?"
- "지는 게 당연하지. 네가 놓친 슛이 도대체 몇 개야?"

당시 케이틀린은 별로 긍정적인 사람이 아니었다. 자기 대화self-talk를 잘 이끌어가는 능력이 부족했다고 할 수 있다. 그런데 만약 그런 역량이 발전하기를 기다리기만 했다면 그녀는 지금도 여전히 자신과 팀에 대해 부정적인 말을 할 것이다. 하지만 케이틀린은 달라지겠다고 결심하고 말투를 바꾸어 보기로 했다. 자책을 멈추고 모든 것을 다른 시각으로 바라보기 시작했다. "패스를 놓치다니 믿기지 않아." 대신 "이제 어떻게 해야 할지 알겠어!"라고 말했다. 경기 중에 팀이 지고 있을 때는 "오늘도 또 지겠군. 놀랍지도 않네!"라는 말을 "두 골만 더 넣으면 우리가 리드할 수 있어!"로 바꾸었다.

케이틀린은 긍정적으로 말하는 데 익숙해지겠다고 의도적으로 결심했다. 처음에는 어색하게 느껴졌지만 이런 결심 덕에 시간이 지나자 긍정적인 태도가 몸에 배기 시작했다. 오늘날의 케이틀린은 긍정적이고 낙관적인 격려자로서의 능력에 자신감이 붙었다고 할 수 있다.

케이틀린의 사례와 과학 연구 결과를 보면 역량이 항상 자신감보다 앞서는 것은 아님을 알 수 있다. 그보다 본인이 적극적으로 행동을 바꾸기로 결심하면 그런 변화를 통해 자신감이 생길 수 있다. 홀렌벡과 홀은 이렇게 말했다.

"사람들은 작은 위험을 감수하면서 중요한 목표를 향해 한 걸음 내디디는데 … 그 목표를 달성하는 데 성공하면 자신의 능력에 더 자신감을 느끼게 된다. 그 결과 더 높은 목표를 설정하고 그것까지 성공하면 자신감이 더 상승해서 포부가 한층 커지는 식으로 계속 진행된다. … 따라서 전체적인 그림을 보면 자신감은 개인이 상당 부분 통제할 수 있는 자질인 셈이다."[11]

무슨 말인지 이해가 되는가? 당신도 자신의 자신감을 통제할 수 있다는 말이다.

한 번 해내면 두 번째부터는 쉬워진다

자신감에 관한 네 가지 오해는 '최종 보스'에 도달하기 전에 만나는

1단계 적일 뿐이다. 자, 그럼 다음 악당은 무엇일까?

그건 바로 자신감이라는 '명사'다.

수업 시간에 "명사란 사람, 장소, 사물 또는 생각을 가리킨다."라는 말을 들어보았을 것이다. 엄밀히 말해 자신감이라는 단어 자체는 명사다. 하지만 우리들 대부분은 자신감을 자신이 가질 수 있는 대상 또는 도달할 수 있는 지점이라고 생각한다.

사실 자신감은 실천하는 습관이다. 우리가 도달하는 지점이 아니라 하나의 움직임이자 무언가를 실행하는 과정 그 자체이다. 자신감이 넘치는 사람들, 그러니까 항상 무슨 말을 해야 할지 아는 CEO나 어떤 상황에서도 침착하고 차분한 태도를 잃지 않는 요가 강사를 떠올려 보자. 우리는 그게 그들의 체격이나 지식 또는 혈통 덕분일 것이라고 여긴다. 하지만 어쩌면 그들은 꾸준히 자신감을 드러내는 연습을 해 왔을지도 모른다. 그리고 어쩌면 자신감이 명사가 아니라는 사실을 깨우쳤을지도 모른다.

자신감은 '동사'다.

이 책의 편집자들은 똑같은 말을 반복하지 말라고 충고하지만 난 여러분이 정말, 정말 이 사실을 알았으면 좋겠다. 난 이 일을 하면서 수천 명의 청년, 중년 그리고 노인들을 만났다. 그들은 자신감을 키워 대인 관계와 직업, 양육 방식을 바꾸거나 친구들 앞에서 거리낌 없이 말하고 싶어 했다. 그리고 그런 모습을 보면서 깨달았다. 우리는 자신감이 유전적으로 주어지는 선물이라고 여기지만 그건 잘못

된 생각임을 말이다.

자신감은 자신이 선택해서 실천할 수 있는 습관이다. 이는 단순한 희망 사항이 아니다. 실제로 효과적인 방법이 있다. 이때 중요한 건 노력이다. 자신감을 키워 줄 마법의 돌을 찾고 있다면 당신은 책을 잘못 집어 들었다.

시런의 삶에서도 하나의 패턴을 발견할 수 있다. 그는 음악계에서 흔히 볼 수 있는 긴장과 두려움, 무대 공포증, 거절, 실망을 경험했다. 이에 대한 그의 대응 방법은 항상 단순했다. 한 걸음 더 나아가는 것이다. 그는 성공이 보답해 주기까지 기다리지 않고 자신이 먼저 나서기로 결심했다. 긴장과 두려움을 뚫고 행동에 나선 시런은 많은 이들이 살면서 얻고자 노력하는 진정한 자신감을 얻었다. 그래서 나는 자신감을 '자신의 능력과 본질적인 가치에 대한 믿음을 담대하고 낙관적으로 실천하는 것'으로 정의한다.

머뭇거리지 말고 당장 움직여라

자신감을 키우려고 누군가 혹은 무언가를 기다릴 필요는 없다. 나는 과체중이었지만 자신감을 갖기로 했다. 우리 어머니는 통장에 돈이 없을 때도 자신 있게 행동했다. 시런은 관객이 몇 명 안되는 작은 술집에서도 자신 있게 무대에 올라 노래했다. 이는 우리에게 다음과 같은 사실을 알려 준다.

- 실제로 준비가 되었다고 느끼기 전에도 자신 있게 행동할 수 있다.
- 신용 카드 빚이 있어도 자신 있게 행동할 수 있다.
- 직장에 불만이 많아 다음에 어떤 행보를 취해야 할지 모르는 사람도 자신 있게 행동할 수 있다.
- 교사는 학생들이 지시를 무시하더라도 자신 있는 태도를 보일 수 있다.
- 친구나 파트너가 당신에게 헌신하겠다고 분명히 말하기 전에도 관계에 자신감을 가질 수 있다.

이 글을 읽는 모든 이들에게 내가 바라는 것은 당신이 차리고 싶은 카페, 더 멋진 몸매를 가꾸고자 하는 열망, 더 좋은 부모가 되고 싶다는 희망, 자기 회사를 세워 CEO가 되겠다는 꿈을 모두 실현하는 것이다. 자신의 능력과 가치에 대한 믿음에서 시작해 원하는 미래를 만들어 가는 것, 한마디로 자신감을 갖고 살아가는 것이다.

이런 자신감의 차이 때문에 어떤 사람은 시작조차 하지 않는 반면 어떤 사람은 목표를 향해 첫걸음을 내딛는다. 자신감은 다른 이들이 뭐라고 말을 얹기 전에 미래의 성공을 빨리 맛볼 수 있게 해준다. "난 이미 내가 원하는 목표를 향해 나아가고 있다."고 말이다. 자신감이 있으면 남들이 뭐라건 상관없이 밀고 나갈 수 있고 실패의 순간을 넘어 후회 없이 살아갈 수 있다. 외부의 인정은 필요 없다. 사회의 인정을 받지 못해도 자신 있게 본인을 믿으면 된다. 그리고 이게 훨씬 나은 삶의 방식임이 분명하다.

평생 다른 사람들 의견 때문에 자신감이 흔들리거나 상황에 따라 성공이 좌우되도록 내버려둘 수도 있고 아니면 오늘부터 원하는 삶을 향해 전진할 수도 있다. 만약 최악의 경우라 할지라도 원하는 목표를 향해 나아가는 과정 자체만으로 당신은 기분이 좋아질 수 있다. 당신 생각은 어떤가?

"당연하죠, 후안. 나도 자신감을 얻을 수 있는 길로 가고 싶어요. 그래서 이 책을 읽고 있는 거라고요!"

좋다. 우리는 딱 적절한 시기에 알맞은 지점에 서 있다.

제2장에서는 누구나 활용할 수 있는 단계별 방식을 통해 자신감에 대해 자세히 알아볼 예정이다. 주변을 둘러보면 효과적인 신체 단련법, 신생아를 잘 재우는 방법, 성공에 도움이 되는 사업 계획, 학위 취득을 위한 교육 프로그램 등을 찾아볼 수 있다.

이 모든 일이 단계별 접근법을 활용한다. 이제 과학적 근거가 뒷받침하는 자신감 고취법을 배우게 될 텐데, 이것 역시 동일한 방식으로 작동한다. 단계별로 잘 따라 하기만 해도 자신감이 높아질 것이다.

이는 단기간에 끝나는 일이 아니다. 자신감을 키우려면 평생 꾸준히 노력해야 한다. 하지만 노력할 준비가 되어 있다면 지금 들고 있는 이 책이 당신 삶에 혁신을 일으켜서 인간관계와 전반적인 삶이 얼마나 근사해질 수 있는지 보여 줄 것이다.

'나는 행동하는 사람'이라는 사실을 기억하자. 이 책의 정보는 그냥 기억만 하고 끝나는 게 아니라 실천에 옮겨야 효과가 있다. 그래서 이 책이 자신감을 키우는 과정에서 자주 찾아볼 수 있는 참고 자료가 되도록 내용을 구성했다. 각 장 마지막에는 전체적인 요약과 실천을 촉구하는 내용을 제공한다. 요약본을 활용하면 해당 장에서 가장 중요한 요점을 빠르게 기억하고 나중에 다시 들춰 볼 때 기억을 되살리는 데도 도움이 될 것이다.

자신감 요약 노트

- 대부분 자신이 어떤 유형의 자신감을 원하는지는 알지만 그것을 얻는 방법을 오해한다. 우리는 에드 시런이 지닌 자신감을 원하지만 시런이 우리가 일반적으로 자신감과 결부하는 요소들, 즉 키나 외향성, 세련된 외모를 지니지 않았다는 사실은 잊는다.
- 자신감에 대한 진짜 정의: 자신의 능력과 본질적인 가치에 대한 믿음을 담대하고 낙관적으로 실천하는 것
- 과학 연구를 통해 자신감은 유전되는 특성이 아니라 누구든 후천적으로 개발할 수 있는 자질임이 증명되었다.
- 자신감에 대한 4가지 오해를 불식시키자.
- 이제 본격적으로 자신감을 키워 보자!

각 장의 마지막은 실천 과제로 마무리한다.
제1장의 과제는 간단하다. 이 책을 읽고 자신감을 얻게 된 뒤에 하고
싶은 구체적인 행동을 적어 보자.

인생을 바꾸는 최소 단위의 연습

오늘날 너무나 당연해 보이는 위대한 승리는 눈에 띄지 않게 쌓은 작은 승리가 모여 이룬 결과물이다.

_파울로 코엘료 Paulo Coelho, **소설가**

1970년의 어느 날 오리건주에 있는 유진이라는 아름다운 마을에 살던 빌 바우어만Bill Bowerman은 가족과 함께 아침 식사를 하고 있었다. 그들은 와플을 만들어 먹었고 모든 게 평화로워 보였다. 이 순간이 바우어만이 혁신적인 신발 기능을 개발해 한 중소 기업을 세계에서 가장 인정받는 브랜드로 성장시킨 이야기의 시작점이 될 줄은 아무도 몰랐다.

아마 식탁에서는 평소처럼 "여보, 버터 좀 줄래요?" "네, 여기요. 오렌지 주스 한 잔 더 마실래요?" 같은 대화가 오갔을 것이다. 그러다 오렌지 주스를 한 모금 마시고 와플을 한입 베어 물던 바우어만의 뇌리에 문득 번개 같은 아이디어가 떠올랐다. 그는 오리건 대학교 육상 코치였는데, 얼마 전 학교에 새로운 러닝 트랙이 설치된 참이었다. 그래서 스파이크를 사용하지 않고도 접지력이 뛰어난 신발을 찾던 도중 와플 기계의 문양이 그의 눈길을 사로잡은 것이다.

바우어만은 신발 디자인을 개선하고자 하는 지칠 줄 모르는 열망을 충족시키고 싶었다. 그래서 아내에게 결혼 선물로 받은 와플 기계를 써도 좋다는 허락을 받은 뒤 이를 차고로 가져가 와플 팬에 폴리우레탄을 붓기 시작했다. 그 결과 다양한 표면에 안정적으로 접지될 만큼 충분한 홈이 있는 밑창이 완성되었다. 와플 기계는 망가졌지만 덕분에 새로운 신발이 탄생한 것이다.

바우어만은 운동화 바닥에 부착할 새로운 디자인을 친구에게 보냈고 두 사람은 블루 리본 스포츠Blue Ribbon Sports에서 이 신발을 출시하면서 코르테즈Cortez라는 이름을 붙였다. 이 신발은 지금도 생산되고 있는 스테디셀러다. 경영진은 나중에 그리스 신화에 나오는 승리의 여신 이름을 따서 회사명을 나이키로 바꾸었다.[1]

바우어만은 역사상 가장 많이 팔린 신발을 만들었을 뿐만 아니라 현대적인 운동화를 출시하고 무명의 운동화 회사를 세계에서 가장 인정받는 브랜드로 성장시켰다. 2022년 나이키의 기업 가치는 2,400억 달러에 달했다.[2] 와플 기계로 이룬 것치고는 나쁘지 않은 성과다.

와플 기계에서 아이디어를 얻은 그 순간은 스토리텔러나 저널리스트가 보기에 그야말로 마법 같다. 아침 식사를 만드는 조리 기구에서 비롯된 깨달음의 순간을 이길 수 있겠는가?

하지만 현실은 그보다 훨씬 복잡하다. 바우어만은 갑자기 좋은 아이디어를 떠올린 게 아니다. 그는 수십 년간 육상 코치로 일하면서 육상 선수의 발밑에서 일어나는 일에 꾸준히 집착했다. 오리건 대학교 육상부 감독으로 오래 일하면서 그는 다음과 같은 선수들을 길러 냈다.

- 세계 기록 보유자 22명
- 전미 대학 체육 협회 선수권 보유자 24명
- 올림픽 출전 선수 33명
- 미국 국가대표 선수 64명

1970년의 그날 아침 와플에 시럽을 뿌리기 전까지 바우어만은 오랜 시간 선수들의 운동화를 수선하고, 분해하고, 변형하고, 새로 만든 운동화를 대학 육상 선수에게 신겼다. 그리고 선수들의 활약을 지켜본 다음 처음부터 다시 시작했다. 운동화에 덧대는 천 조각의 위치를 이리저리 옮겨 보고, 끈을 묶는 방법을 바꾸기도 하고, 밑창을 분해하는 등 끝없이 작은 개선을 거듭했다. 나이키 공동 창립자이자 바우어만의 지도를 받았던 필 나이트Phil Knight는 회고록《슈독》에서 이렇게 말했다.

"그는 사람들이 신발을 어떻게 신는지에 집착했다. 내가 오리건 대학교에서 그의 지도를 받으며 뛰었던 4년 동안 바우어만은 계속 우리 라커룸에 몰래 들어와 신발을 훔쳐 갔다. 그리고 며칠 동안 신발을 뜯었다가 다시 꿰맨 다음 약간 기능이 수정된 신발을 돌려주고는 했다. 그렇게 고친 신발을 신고 때로는 사슴처럼 잘 달리기도 했고 때로는 피를 흘리기도 했다.

결과에 상관없이 그는 결코 멈추지 않았다. 발등을 보강하고, 중창 부분의 충격을 완화하고, 앞발 공간을 넓힐 새로운 방법을 찾는 데 열심이었다.[3] 그에게는 항상 신발을 더 매끄럽고 부드럽고 가볍게 만들기 위한 새로운 디자인과 계획이 있었다.

그는 특히 가벼운 신발을 만드는 데 치중했다. 신발 한 켤레의 무게를 1온스(약 30그램) 줄이면 1.6킬로미터를 뛰는 동안 25킬로그램의 무게 압박을 줄이는 것과 같다고 말했다."[4]

지속적인 성공은 대개 이런 식으로 이루어진다. 나이키는 와플을 먹다가 갑자기 떠오른 놀라운 아이디어가 아니라 시간이 흐르면서 조금씩 쌓여 가는 미세한 변화가 만든 결과다. 스우시Swoosh 로고 하나만으로도 금세 알아보게 되는 수십억 달러 규모의 기업은 그냥 만들어진 것이 아니다. 항상 신발을 뚫어지게 바라보면서 단 1온스의 긍정적인 변화라도 이루려고 노력한 한 남자의 작은 순간이 수천 개 모여 만들어진 것이다. 1온스의 작은 변화가 시간이 흐르면서 쌓이면 엄청난 차이를 만든다. 그리고 이런 일은 우리 모두에게 일어난다.

매일 아침 눈을 뜰 때마다 자기 회의감에 젖는다고 가정해 보자. 그럴 때 침대에서 일어나 바닥에 발을 디디기 전에 "오늘은 좋은 하루가 될 거야."라고 말한다면 어떻게 될까? 다른 건 아무것도 바뀌지 않더라도 이것만으로도 몇 달 후 자신의 삶이 얼마나 달라질지 상상해 보자.

친구들 사이에서 자신 있게 의견을 내지 못하고 항상 남들이 합의한 내용에 동의하는 태도가 몸에 배어 있다고 가정해 보자. 누군가가 당신을 비웃을 것 같더라도 친구들과 모일 때마다 자신의 진짜 생각을 한 번씩 말하는 것을 목표로 삼을 수 있다. 종교나 정치 이야기부터 시작할 필요는 없다. 그냥 중국 음식을 별로 좋아하지 않는다고 말하는 것부터 시작해 보자. 일주일에 한 번 정도 친구들과 어울린다고 가정하면 연말까지 자신의 생각을 말하는 연습을 할 기회가 50번은 있을 것이다. 이 간단한 변화를 통해 단 1년 만에 얼마나 자신감이 붙을지 상상해 보자.

당신이 사업가인데 너무 비싼 가격을 매기는 것에 죄책감이 든다면, 지금 가격에서 몇 달러만 올려 보는 건 어떨까? 그리고 다음에 다시 한번 그런 식으로 가격을 올리는 것이다.

이런 상황에 처할 때마다 작은 일을 반복적으로 실천하면 적어도 다음번에 그 일을 다시 할 수 있는 자신감이 생긴다. 그 미세한 발걸음들이 더 중요한 순간, 와플 기계 이야기 같은 깨달음의 순간으로 이어질 가능성을 키운다. 1온스의 발전은 그리 대단하지 않지만 꾸준히 노력하면 그 성과가 계속 쌓이고 쌓여서 시간이 지나면 더 큰 성공에 필요한 활주로가 만들어진다.

가장 단순하고 쉬운 것부터 시작하라

자신에게 "오늘은 좋은 하루가 될 거야."라고 말하자는 아이디어는 내 머리에서 나온 것이 아니다. 《습관의 디테일》이라는 베스트셀러를 쓴 행동과학자 BJ 포그Brian Jeffrey FOGG가 한 말이다. 그는 이 책에서 전 세계 치과 의사와 어머니들 그리고 연인들이 수십 년간 다른 사람에게 강요한 특정한 과업, 바로 치실 사용 문제를 다룬다.

치실을 사용하는 것이 건강에 좋다는 사실은 다들 알고 있지만 치실질은 양치질처럼 일상생활에 깊이 뿌리내리지는 못했다. 그 이유를 알고 싶었던 포그는 직접 치실 사용자가 되어 보기로 했다. 그런데 문제는 치실 사용이 너무 힘들다는 것이었다. 그는 치실 사용 습관을 들이려고 온갖 방법을 다 동원했지만 아무런 효과도 보지 못했다.

그러던 어느 날 아이디어가 하나 떠올랐다. 매일 밤 치실질을 하겠다는 목표를 그보다 작은 목표, 즉 치아 하나만 치실질하자는 정도로 세분화한 것이다.

얼마나 간단한가? 치아 하나만 치실질하는 것은 누구나 할 수 있다. 물론 치실질을 해본 적이 없는 사람이라면 기존의 컴포트 존Comfort Zone에서 벗어나야 한다. 하지만 치아 하나 아닌가. 누구나 그 정도는 할 수 있지 않을까? 그래서 포그는 첫째 날 밤에 치아 하나만 치실질하고 치실을 버렸다. 그리고 다음날 밤에도 똑같이 했다.

시간이 흐르자 그는 치아 하나만 치실질하는 데 꽤 자신감이 붙었다. 그리고 어떻게 되었을까? 일단 치실을 꺼내 치아 사이 한 군데만 닦는다는 초기의 장애물을 극복하고 나면 한 걸음 더 나아가 치아 하나를 더 치실질하기가 정말 쉬워진다.

자신감을 키우는 일도 마찬가지다. 큰 자신감은 중요한 목표를 향해 나아가는, 작지만 의미 있는 발걸음에서 시작된다. 당신은 대중 연설가가 되거나 책을 쓰거나 승진하거나 회사를 설립하거나 진정한 자신을 보여 줄 수 있는 활기찬 친구 모임을 만들고 싶을 수도 있다. 전부 훌륭한 자신감 목표다. 하지만 오늘 당장 달성하기에는 너무 큰 목표일지도 모른다.

그러니 목표를 세우고 이를 이루기 위한 유의미한 단계, 한 번에 치아 하나처럼 아주 작은 단계를 정해 보자. 용기를 내서 해야 하는 행동이되 필요한 용기의 양은 아주 적어야 한다. 일단 시작하면 자연스럽게 내가 해냈다는 자신감이 생기고 결국 당신의 정체성이 새로운 사람으로 바뀌기 시작하는 그런 행동이어야 한다.

당신이 세운 자신감 목표가 무엇이든 괜찮다. 헬스장에서 만난 사람에게 데이트 신청하기, 빠른 시일 내에 직업 바꾸기, 사회불안장애social anxiety 극복하기, 최소 천 명 이상의 군중 앞에서 연설하기 등 아주 작은 일부터 시작하는 것이 목표를 이루는 비결이다.

사회불안장애가 심하다면 커피 약속을 하나 잡아서 일정표에 적어 보자. 딱 하나면 된다. 커피를 마시자는 요청에 응해 줄 가능성이 가장 높은 사람에게 문자를 보내고 감정적, 지리적으로 접근하기 쉬운 장소를 고른다. 그리고 30분 정도 함께 시간을 보낸 다음 각자 계산하고 만남을 마무리하면 된다.

당신은 이미 용감하게 행동을 취했다. 다음에 또 공공장소에 나가는 것이 두려워지면 "내가 뭘 해냈는지 봐."라고 하면서 자신이 한 일을 상기할 수 있다. 이것은 당신이 그 작은 일을 했다는 증거가 된다. 당신은 치아 하나를 치실질했고 막상 해보니 별로 어렵지 않았다.

자신감은 근육과 같아서 단련이 필요하다. 자신감을 키우는 여정에서는 자연스러운 시작 속도가 사람마다 다르다. 그리고 우리의 목표는 다른 사람과 경쟁하는 것이 아니라 자신감을 키우는 것이다. 바우어만이 육상 선수를 지도할 때도 선수들의 출발 속도와 지구력은 저마다 달랐다. 그는 자신의 신발 수선이 성공적이었는지 판단할 때 선수가 경쟁에서 이겼는지 여부를 기준으로 삼지 않았다. 그보다는 미세한 변화가 선수의 능력을 향상시켰는지를 고려했다. 그러니 자신을 다른 사람과 비교하지 말고 작은 조치를 통해 자신감이 향상되었는지 살펴보자.

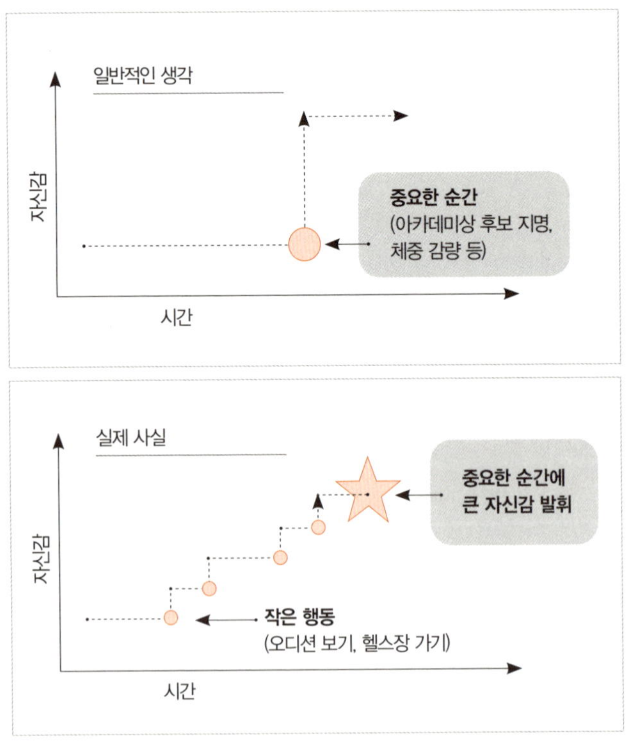

지극히 작은 일부터 시작하자

바우어만은 일정한 패턴에 따라 성공에 이르렀고 시런과 포그도 똑같은 패턴을 따랐다. 그들의 이야기는 완전히 똑같은 단순한 단계를 따라 전개된다.

그들은 각자 마음 설레는 목표와 꿈, 열망이 있었고 이런 설렘 덕분에 어려운 일을 해낼 용기를 얻었다. 바우어만은 신발을 계속 뜯어고쳐야 했다. 게다가 아내에게 주방 기구를 망가뜨려도 된다는 허락을 받을 용기도 필요했다. 음악에 푹 빠진 시런은 조촐한 공연을 매일 하다시피 하던 시기에도 종종 런던 지하철에서 기꺼이 잠을 잤다고 했다. 설렘과 용기의 연결은 정말 중요하다. 불편함을 감내하는 이유는 그렇게 해서 이룰 어떤 가치가 있기 때문이다.

그런 다음 그들은 더 큰 목표를 향해 발걸음을 내딛기 시작했다. 시런은 자선 단체에서 소규모 공연을 했고 바우어만은 새로운 신발을 만들었고 포그는 치아 하나를 치실질했다. 정말 지극히 작은 일들이다.

그들은 각각 행동을 취한 뒤에야 비로소 증거를 찾았다. 물론 그 증거가 항상 성공으로 이어진 것은 아니다. 시런은 단 한 번의 공연으로 음반 계약 제안을 받은 것이 아니고 포그도 치아 하나를 치실질한 뒤에 바로 치실질하는 습관을 들이지는 못했다. 하지만 그들의 행동 하나하나는 무언가를 증명했다. 노력은 그들을 망치지 않았고 적어도 노력했다는 사실을 자신에게 입증했다. 이 시도가 그들의 다음 시도, 그다음 시도, 또 그다음 시도의 원동력이 되었다.

신발의 신 바우어만의 일은 이런 식으로 진행되었다: 신발에 대한 집착 → 신발을 직접 뜯어볼 정도의 용기 → 신발 무게를 1온스씩 줄이기 → 시도했다는 증거

시런의 패턴도 매우 비슷했다: 음악을 한다는 설렘 → 거절을 감수하는 대담함 → 소규모 공연 → 더 큰 공연을 시도할 수 있다는 자신감

포그의 경우: 더 나은 구강 위생에 대한 갈망 → 아직 모든 치아를 한꺼번에 치실질하는 데 서툴다는 것을 인정하는 용기 → 치아 한 개 치실질하기 → 더 환하게 미소 짓기 위해 치실질하는 치아를 하나씩 늘려 감

자, 이제 여기서 정말 이상한 일이 벌어진다. 신발에 집착하는 바우어만이 신발 무게를 1온스 줄이고 나면 어떻게 될까? 팬 한 명이 시런에게 사인을 부탁하면 어떻게 될까? 포그가 치아 하나를 치실질한 것을 축하한 뒤에 무슨 일이 생길까? 그들은 또다시 설레는 마음으로 이 사이클을 처음부터 다시 시작한다. 변화에 대한 설렘,

문제에 맞설 용기, 작은 행동 그리고 효과가 있다는 증거. 이 모든 것이 다음 시도에 대한 설렘을 더 증폭시킨다.

이 사이클을 자신감에 적용할 수 있다면 어떨까? 바우어만이 더 좋은 신발을 만들고 시런이 음악적 재능을 발견하고 포그가 치실 사용 습관을 익힌 단계적 방법을 통해서 자신감을 키울 수 있다면? 곧 알게 되겠지만 자신감도 바로 그런 식으로 쌓이는 것이었다.

내가 이 사실을 처음 깨달았을 때는 자신의 본모습을 숨기던 니카라과 출신의 과체중 소년이 수천 명이 참석한 콘퍼런스에서 강연하는 사람으로 변모하게 된 과정을 되짚어 보면서였다. 어떻게 그 아이가 10년 만에 자신의 자아상을 완전히 바꿀 수 있었는지 자문했다. 내 경우 루이스라는 좋은 친구가 더 괜찮은 삶이 어떤 모습인지 보여 준 덕분에 내 삶은 과연 어떤 식으로 펼쳐질지 기대하면서부터 변화가 시작되었다. 그때부터 내 인생의 문제를 직시하겠다고 결심했는데 당시에는 대인 관계 문제부터 체중 문제에 이르기까지 변화의 여지가 많았다.

그때 내가 정말 집중했던 영역 중 하나가 바로 직업적인 목표였다. 그래서 아직 시작도 하지 않았지만 언젠가 꼭 하고 싶었던 대중 강연이라는 경력을 향해 조금씩 다가갔다. 처음에는 일주일에 잠재고객 열 명에게 이메일을 보내 내 서비스를 제안하는 것을 목표로 삼았다.

첫 주에는 열 명 모두 내 제안을 거절했다. 사실 대부분 거절 답장도 하지 않았다. 그냥 무시했을 뿐이다. 하지만 이제 내가 이메일을 발송할 수 있다는 증거가 생겼다. 그래서 다시 시도했다. 그리고 또 시도했다. 결국 누군가가 식당에서 어르신들을 대상으로 강연해 달라는 요청을 했다. 나는 이것을 성공으로 받아들였다.

이 미약한 성공을 바탕으로 더 많은 고객에게 이메일을 보낼 용기와 에너지를 얻었고 결국 또 다른 성공을 거두었다. 이번에는 규모가 약간 더 큰 성공이었다. 그보다 훨씬 중요한 점은 이런 과정을 거치면서 경력이 쌓여 갔을 뿐만 아니라 자신감도 함께 성장했다는 것이다.

인생을 바꾸는 자신감의 사이클

제1장에서 이야기한 홀렌벡과 홀은 자신감을 연구한 결과 자신감은 개발이 가능하다는 결론을 내렸다. 그런데 그들이 알아낸 사실이 하나 더 있다. 바로 자신감을 키우는 과정은 '자기 강화적 사이클'Self-Reinforcing Cycle이라는 것이다.

홀렌벡과 홀의 연구를 읽기 훨씬 전부터 나는 이 사실을 알고 있었지만 내가 했던 강연들과 경험 그리고 다른 이들을 관찰해서 알게 된 내용이 과학적으로도 입증되었다니 안심이 된다.

나는 이 사이클에 관해 대중을 상대로 여러 번 강연하면서 이것이 나와 다른 사람들의 자신감을 상승시킨다는 것을 직접 확인했다. 그래서 지난 몇 년간 이를 꼼꼼히 다듬었고 지금은 자신감 사이클을 다음과 같이 간략하게 설명할 수 있다.

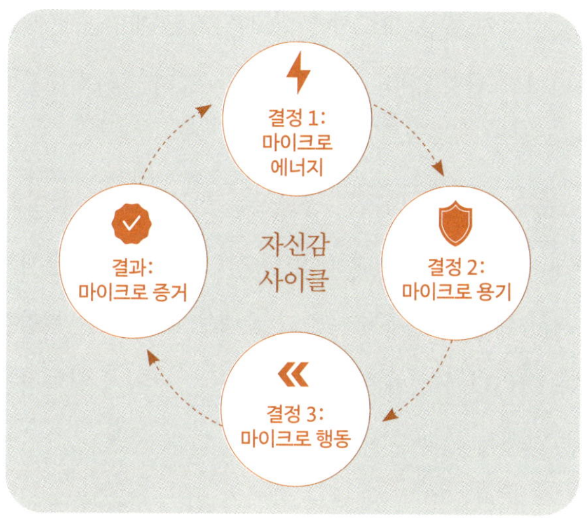

- **마이크로 에너지:** 개선할 부분에 대한 직접적인 열정

- **마이크로 용기:** 불편함을 헤쳐 나갈 용기 찾기

- **마이크로 행동:** 작은 행동을 완료하기

- **마이크로 증거:** 올바른 방향으로 나아가고 있다는 증거를 얻어서 자신감을 키우고 이 사이클을 계속 이어 가기

중요한 것은 이 사이클을 활용하면 지금 당장이라도 특정 영역이나 삶 전체에 대한 자신감을 키울 수 있다는 것이다.

재택근무를 하는 알렉스의 예를 살펴보자. 마케팅 분야에서 새 직장을 구한 알렉스는 새로운 팀과 일정에 적응하고 있다. 새로운 사람들을 만나기 좋은 대도시에 살고 있지만 재택근무 때문에 친구를 사귀기가 쉽지 않다. 팬데믹 이후로 그녀의 사회생활이 예전 같지 않다.

알렉스는 늘 애정이 넘치는 공동체를 만드는 것이 꿈이었다. 그런데 문제가 하나 있는데 최근 몇 년 사이에 사회불안장애가 생긴 것이다. 처음에는 직장에서 목소리를 내는 것에 대한 불안감이 시작이었다. 그러다가 점차 아는 사람이 없는 모임에 참석하는 것을 거부하는 단계에 이르렀다.

알렉스는 특히 대인 관계에서 자신감 있는 모습을 보이고 싶었다. 사교적인 사람이 되고 싶었지만 어떻게 시작해야 할지 몰랐다. 그러다 '처음 만나는 사람들과 편안하게 지내는 것부터 시작하면 어떨까?'라는 생각이 들어 아주 작디작은 일부터 해보기로 했다. 그런 다음 이 목표를 아주 구체적인 단계로 세분화했다.

먼저 집에서 하던 일거리를 들고 동네 카페에 가기로 했다. 그곳에 가면 적어도 처음 보는 사람들 틈에 있을 수 있었다. 사교성을 높이기 위해 갑자기 인기 만점의 치어리더 같은 성격을 갖출 필요는 없다고 생각하면 얼마나 기운이 솟고 안도감이 들겠는가? 그러면 긴장을 풀고 카페에 가서 좋아하는 음료도 마시면서 편안하게 시간을 보낼 수 있을 것이다.

며칠 동안 이렇게 시간을 보내다 보니 그녀는 매일 같은 얼굴을 보는 데 익숙해졌다. 그렇게 자신감을 키울 수 있는 다음 기회는 우연히 찾아왔다. 같은 카페를 아홉 번이나 방문한 알렉스는 자기도 모르는 사이에 입에서 이런 말이 튀어나오자 깜짝 놀랐다. "그 셔츠 정말 멋지네요! 어디서 사셨어요?" 그녀는 불안의 여왕인 자신이 낯선 사람에게 먼저 말을 걸었다는 사실이 믿기지 않았다. 그리고 어떻게 되었는지 아는가? 아무도 알렉스를 미쳤다고 욕하지 않았다. 그녀는 오히려 그 일로 보상을 받았다.

낯선 사람은 "예쁘게 봐주셔서 고마워요! 저쪽 아래에 있는 가게에서 샀는데 링크 보내드릴까요?"라고 응답했고, 두 사람은 전화번호를 교환했다. 그 카페에서 계속 만나기 시작하다가 몇 주 후에는 저녁 식사 약속까지 잡았다. 그로부터 몇 달 뒤, 이제 알렉스는 카페, 헬스장, 출장지 등에서 만난 이들에게 먼저 인사를 건넨다. 간단한 인사로 시작한 관계가 더 가까워진 일도 많다. 그녀는 지금도 여전히 긴장할까? 물론이다. 그래도 이 일을 계속할까? 당연하다. 왜 그럴까? 자신감 사이클을 시작한 이상 다시는 예전처럼 자신감이 떨어지지 않을 것이기 때문이다.

알렉스의 자신감 사이클은 다음과 같다.

- **마이크로 에너지**: 알렉스는 자신감 목표를 아주 작게 세분화해서 카페에 가는 것부터 시작했다. 그러자 곧바로 자신감 목표를 달성했다는 안도감과 설렘을 느낄 수 있었다.

- **마이크로 용기**: 카페에 갈 정도의 용기만 있으면 충분했다.

- **마이크로 행동**: 2주 넘게 계속 같은 카페에 갔다.

- **마이크로 증거**: 알렉스는 세 가지 증거를 모았다. 낯선 사람들로 가득한 곳에 가도 생각보다 불안감을 느끼지 않는다는 사실을 자신에게 증명했다. 낯선 사람에게 칭찬을 건넸으며 자기도 몰랐던 자신감에 깜짝 놀랐다. 그리고 그 낯선 사람과 친구가 되었다.

랜들은 항상 디즈니에서 일하고 싶다는 꿈을 품고 있었다. 힘들게 오디션을 통과한 그는 주인공 아나킨 스카이워커Anakin Skywalker 역을 맡아 달라는 요청을 받았다. 〈스타워즈〉 광팬이라면 누구나 꿈꾸는 일이다.

하지만 공연 연습을 시작한 지 며칠 만에 상황이 꼬였다. 회사에서 가장 노련한 배우들 그리고 가장 엄격한 연기 코치들과 함께 디즈니 역사상 가장 힘든 프로그램 중 하나라고 할 수 있을 〈스타워즈 위켄드〉에 바로 투입된 것이다. 무대에는 거대한 장비가 설치되어 있고 함께 공연하는 다른 사람들은 모두 다년간의 경험과 혹독한 댄스 트레이닝을 받은 이들이었다. 그런 사람들 가운데서 랜들은 "제 자리가 정확히 어디쯤이죠?"라고 묻고 있었다.

랜들은 당연히 경험이 전혀 없었고 그 사실이 곧 여실히 드러났다. 시작할 때 품었던 자신감은 연습이 끝날 때쯤 되자 완전히 산산조각이 났다. 집에 돌아가는 랜들에게 코치들은 온갖 지적 사항이 적힌 메모지를 건넸다. "이런 지적 사항을 열 번쯤 더 받아야 할 겁니다." 메모지를 빤히 바라보던 그는 광선검을 포기해야겠다고 마음먹었다.

배역을 그만두기 직전 랜들은 동료 공연자에게 조언을 구했다. 동료는 그가 지적받은 사항을 죽 훑어보고는 눈이 휘둥그레졌다. "고쳐야 할 점이 정말 많네요." 그런데 이때 동료의 한마디가 모든 것을 바꾸었다.

"랜들, 이렇게 해보는 게 어때요? 한 가지에만 집중하는 거예요. 자, 어깨와 가슴을 쫙 펴고 방 저쪽까지 걸어가 봐요."

'좋아. 우스꽝스러워 보이겠지만 그 정도야 할 수 있지' 그는 생각했다.

랜들은 방을 가로질러 걸어갔다.

"아주 멋져요, 랜들!"

그 말에 자신감이 금세 부풀어 올랐다.

"이 내용에 신경 쓰지 말고," 동료는 말 그대로 메모지를 옆으로 던지며 말했다. "방금 했던 것처럼 걷는 연습을 해봐요. 그 사람들이 한 다른 말은 다 잊어버리고요."

그래서 랜들은 그렇게 했다. 그냥 걸었다. 대사를 외우지도 않고, 춤을 더 잘 추거나 더 또렷하게 발음하거나 광선검을 휘두르는 법을 배우지도 않았다. 그냥 계속 걸었다. 심지어 친구들에게 자기가 걷는 모습을 촬영해 달라는 부탁까지 했다. 결국 걸음걸이가 너무 좋아져서 랜들을 촬영하던 친구 한 명은 그가 걸어오는 모습을 보고 겁을 먹기까지 했다.

- **마이크로 에너지**: 동료는 랜들에게 메모지를 치우고 그가 할 수 있는 간단한 일을 하라고 설득했다.
- **마이크로 용기**: 랜들에게는 걸을 수 있는 용기만 있으면 충분했다.
- **마이크로 행동**: 그는 말 그대로 작은 발걸음을 내디뎠다.
- **마이크로 증거**: 걸을 때마다 무대 매너에 조금씩 자신감이 붙었고 결국 친구가 랜들의 걸음걸이 때문에 그를 무서워하는 지경에 이르렀다.

몇 달 만에 랜들은 공연 무대에서 엄청난 자신감을 발휘했고 그 모습을 본 관객들은 월트 디즈니 월드 경영진에게 그의 놀라운 능력을 칭찬하는 편지를 보냈다. 몇 년 뒤 랜들은 자기 부서에 속한 공연진을 훈련시키는 일을 맡았고 10년이 채 지나지 않아 브로드웨이급 무대에서 공연하게 되었다.

이것이 바로 한 단계씩 자신감을 쌓아 가고 그런 단계를 통해 점점 커지는 자신감의 패턴을 형성할 수 있는 힘이다.

　이 모든 것이 하나의 사이클임을 기억하자. 그리고 나는 에너지부터 시작하는 것이 가장 좋다고 생각한다. 우선 아주 간단한 버전의 자신감 사이클을 알려 주었으니, 삶의 어느 부분에서든 바로 자신감을 키울 수 있을 것이다. 나는 이런 간단한 방법을 정말 좋아한다.
　하지만 자신감 사이클의 각 단계, 특히 마이크로 에너지 부분을 실행할 방법은 무궁무진하다. 이 책 뒷부분에서는 에너지 앵커Anchor처럼 에너지와 흥분을 불러일으킬 수 있는 다른 방법도 이야기할 것이다. 일단 지금은 큰 목표를 작은 목표로 세분화하면 즉각적인 안도감과 설렘을 느낄 수 있다는 사실을 기억해 두자.
　그리고 증거와 관련해 잠깐 해둘 말이 있다. 나중에 다시 다루겠지만 지금 당신 마음속에서는 이런 반발이 일어나고 있을 것이다. '만약 용감한 행동을 취했는데 결국 실패했다는 증거만 남으면 어떻게 하죠? 그다음에는 어떻게 해야 하는 건가요, 후안?'
　무슨 말인지 충분히 이해한다. 하지만 증거가 곧 성공을 의미하는 것이 아니다. 이는 사이클을 완료했다는 뜻이다. 가장 두려워하던 일이 현실이 되더라도 당신은 여전히 굳건히 서 있고 비록 실패하더라도 성실하게 한 걸음을 내디딜 용기가 있었다는 증거가 생겼다. 어떤 면에서 보면 실패는 성공보다 더 큰 자신감을 안겨 줄 기회가 될 수도 있다. 심리학자 앨버트 반두라Albert Bandura 는 이렇게 말했다. "중요한 것은 감정적, 신체적 반응의 강도가 아니라 그것을 인식하고 해석하는 방식이다."[5]

다시 말해 알렉스가 셔츠를 칭찬했던 낯선 사람이 그녀를 빤히 쳐다보다가 아무 대답 없이 가버렸을 수도 있다. 그렇다 하더라도 알렉스는 여전히 자신이 그 일을 해냈다는 증거를 가지고 있다. 그리고 바로 그 작은 한 걸음을 내딛었다는 사실만으로도 그녀의 자기 인식, 자신감이 바뀔 수 있다. 사실 알렉스가 그 카페에서 6개월 동안 아무에게도 말을 걸지 않았더라도 상관없다. 그래도 최소한 집에서 벗어나 밖에 나갔다는 증거는 여전히 남아 있을 테니 말이다. 당신이 행동을 취할 때마다 비록 좋지 못한 결과로 끝나더라도 어쨌든 전에 하지 않았던 일을 시도했다는 증거는 남는다. 그리고 그 정도 증거만 있으면 다시 사이클을 시작하기에 충분하다.

내가 아는 어떤 남자의 사랑스러운 아내는 남편을 본인이 좋아하는 소울사이클SoulCycle(고강도의 유산소 운동을 제공하는 헬스장 프랜차이즈—옮긴이) 수업에 데려가야겠다는 기발한 아이디어를 냈다. 솔직히 말하자면, 사실 내 이야기다. 이 남자는 소울사이클 수업은 물론이고 그 어떤 스피닝 수업에도 참석해 본 적이 없다는 사실을 명심하자. 이런 수업이 어떤 식으로 진행되는지 잘 모르는 독자들을 위해 그곳의 모습을 잠깐 설명하겠다.

캄캄한 방 여기저기에 촛불이 켜져 있고 음악이 요란하게 울려

퍼진다. 스핀 바이크 페달에 발을 잘 고정하고 수건을 손에 쥐고 트레이너 뒤편의 벽 전체에 설치된 거울을 마주 본다. 아, 그리고 다들 탭 댄스 신발 같은 것을 신고 있다. 그 남자는 마침 그 방에서 유일한 남자였다. 모두 음악에 맞춰 몸을 움직이면서 무언의 안무를 완벽하게 소화하기 시작하자 라푼젤처럼 머리카락을 무릎까지 기른 키 150센티미터의 트레이너가 자신을 소개했다. "안녕하세요, 여러분! 오늘의 감사와 풍요를 누리면서 마땅히 받아야 할 은혜 속으로 들어갈 준비가 되셨나요?" "네!" 하는 우렁찬 함성에 벽에 걸린 거울이 진동했다.

그러는 동안 이 남자는 어떻게든 넘어지지 않고 오른발로 버티려고 애를 쓰고 있었다. 안무를 따라가려고 낑낑거리고 여기저기서 털어 대는 수건을 피하고 트레이너가 던지는 질문에 숨을 몰아쉬며 대답하느라 정신이 하나도 없었다. 45분 수업 내내 땀에 흠뻑 젖어 완전히 혼란에 빠진 그는 자기가 이곳에서 가장 무능한 사람임이 틀림없다고 확신했다. 아마 진짜 그럴 것이다.

하지만 이 일로 자신감을 잃지는 않았다. 그냥 그 사실을 받아들였다. 이번에야말로 '최고로 멋진 아내를 따라잡을 수 있을지도 모른다'는 어리석은 생각을 또 했다며 웃어넘겼다. 그의 역량 부족은 자신이 뭘 하고 있는지조차 모른다는 증거로 간주될 수도 있었지만 그는 어쨌든 수업을 끝까지 마쳤다는 사실에만 집중했다.

실패를 증거로 이용해 자신감 사이클을 다시 시작할 수 있는 방법을 몇 가지 소개한다.

1. 예전부터 패션 블로거가 되고 싶었는데 글을 잘 쓸 자신이 없
   다고 가정해 보자. 그래도 '가을에 입어야 할 옷 열두 가지'라는
   리스트 형식의 글을 올리기 시작했다. 읽은 사람은 어머니뿐이
   지만 이제 온라인 블로그를 운영할 수 있다는 증거가 생겼다.
2. 사진 속 자기 모습에 자신이 없어서 일주일에 한 번씩 셀카를
   찍어 온라인에 올리기로 결심했다. 물론 각도가 마음에 안 들
   고 옷도 어울리지 않는 듯하지만 어쨌든 사진을 올렸다.
3. 거의 10년 동안 바라던 승진을 할 수 있을지 자신이 없다. 지원
   해서 면접을 보았는데 결국 다른 사람이 승진했다. 그래도 이
   제 지원하는 것이 얼마나 쉬운지 알게 되었다. 게다가 다음번
   에 나를 승진시켜 줄지도 모르는 사람들과 직접 만나 대화하는
   시간도 가질 수 있었다.
4. 몸매를 잘 가꾸고 싶은데 헬스장에 있는 복잡한 기구를 잘못
   사용하면 바보처럼 보일 것이 틀림없다. 그래도 용기를 내서
   헬스장에 갔는데 아니나 다를까 기구 하나를 잘못 사용했다.
   그랬더니 트레이너가 다가와 올바른 사용법을 알려 주었다. 이
   제 다음번에 가면 '적어도 기구 중 하나는 제대로 사용할 줄 안
   다'는 자신감이 생겼다.

이런 사례는 무수히 많다. 실패를 제대로 해석한다면 자신감 목표를 이루기 위한 실행 가능한 모든 단계가 곧 증거가 된다. 그리고 이 증거가 사이클을 다시 시작하기에 충분한 에너지를 제공한다.

나만의 골디락스 단계를 찾아라

심리학자이자 하버드 경영 대학원 명예 교수인 테레사 아마빌Teresa M. Amabile과 연구원 스티븐 크레이머Steven J. Kramer는 직장에서 생산적이고 창의적인 팀을 만들어지는 요인을 심층적으로 분석했다. 그들은 직원 수백 명이 작성한 수천 건의 일지를 검토했고, 그 결과를 놀랍도록 간단한 몇 가지 결론으로 압축했고, 기본적으로 의미와 목적이 있는 일을 달성하려고 간단하고 소소한 변화를 이루어 낸 팀이 가장 행복하고 생산적이라는 사실을 알아냈다. 이들이 《하버드 비즈니스 리뷰》에 기고한 글에서 발췌한 통찰력 있는 구절을 살펴보자.

"업무 중에 감정과 동기, 인식을 향상시키는 모든 것들 가운데 가장 중요한 것은 의미 있는 일을 통해 진전을 이루는 것이다. 그리고 그렇게 진척되는 기분을 자주 느낄수록 장기적으로 창의적인 생산성을 발휘할 가능성이 높아진다. 중요한 과학적 미스터리를 해결하든 아니면 그냥 질 좋은 제품이나 서비스를 생산하든 일상적인 진전은 비록 작은 성과라도 직원들의 감정과 성과에 큰 변화를 불러올 수 있다."[6]

엘리트 수영 선수들의 발전을 추적한 대니얼 챔블리스Daniel F. Chambliss의 연구 같은 다른 연구에서도 비슷한 결과가 나왔다. 의미 있는 무언가를 목표로 반복적인 진전을 이루는 것이 중요하다.[7] 자신감을 키우는 것이 의미 있다는 사실은 이미 알고 있을 것이다. 그것이 바로 당신이 이 책을 읽는 이유일 테니 말이다. 이제 그 목표에 도달하기 위해 끊임없이 작은 발걸음을 내딛기만 하면 된다. 그렇다면 다음 발걸음은 얼마나 작아야 할까?

수많은 연구에 따르면 자신감 향상을 위한 다음 발걸음은 충분히 달성 가능할 만큼 작은 동시에 실제로 원하는 방향으로 나아갈 수 있을 만큼 커야 한다. 너무 크지도 작지도 않은 딱 적당한 크기여야 한다는 뜻이다. 나는 이를 가리켜 '골디락스 단계'Goldilocks step라고 부른다.

이는 다음과 같이 진행된다.

1. 자신감을 키우고 싶은 인생의 한 분야에 집중한다.
2. 다소 힘들지만 불가능하지는 않은, 진전을 위한 작은 한 걸음을 정한다.

3. 작은 한 걸음을 내딛는다.

4. 승리를 자축한다.

5. 자신의 발걸음이 얼마나 작은지 확인하면서 이를 반복한다. 앞
   으로 계속 나아가고 싶을 것이다.

한 걸음은 살짝 다리를 뻗는 정도여야 한다. 너무 세게 밀어붙여서 한순간에 무너지거나 너무 쉬워서 긴장감이 없을 정도면 안 된다. 작은 한 걸음은 긴장감이 느껴지는 동시에 달성 가능한 것이어야 한다. 내 주변 사람들이 골디락스 단계를 실행한 방법을 몇 가지 소개한다.

베스는 대중 강연자가 되고 싶었다. 강연에 자신감을 가지려면 청중 앞에 설 기회를 찾아야 한다고 생각했다. 그녀의 한 걸음은 매우 간단했다. 스타디움 무대에 서거나 돈을 받거나 유명한 기조연설자가 될 필요는 없었다. 그냥 청중 앞에 서기만 하면 되는 것이다. 교회에서 낭독회를 하거나 지역 도서관에서 자원봉사로 강연하거나 노인 복지관에 가서 강의를 할 수도 있다. 베스에게는 이 모든 것이 진전을 이룰 수 있을 만큼 크면서 동시에 실현 가능할 만큼 작은 골디락스 단계였다.

에런은 인생의 동반자를 찾고 싶었다. 그래서 데이트를 하는 것을 자신의 작은 한 걸음으로 정했는데 당시는 데이트를 별로 하지 않던 때였다. 예전에는 사람을 만나고 만나고 또 만나던 때도 있었

다. 오래 사귈 연인을 찾는다는 목표는 분명 의미 있는 것이었지만 당장 그 단계에 뛰어들 필요까지는 없었다. 지금까지의 삶을 되돌아보니 꾸준히 데이트를 해 온 것도 아님을 쉽게 알 수 있었다. 그래서 이것이 그의 작은 한 걸음이 되었다.

마이크는 재정 관리 능력을 키우려면 자신의 재정 상황을 직시하는 두려움에 맞서야 한다는 것을 알고 있었다. 너무 힘든 일처럼 느껴져서 낙담했던 마이크는 '매주 20분씩 투자 내역을 집중적으로 살핀다'는 작은 한 걸음을 만들었다. 그리고 매주 진척되는 상황을 보면서 계속해 나갈 동기를 얻었다.

간단해 보일 수도 있지만 베스, 에런, 마이크는 놀라운 일을 해낸 것이다. 그들은 작은 한 걸음을 정의하고 실행했으며 이를 통해 자신감을 키워 나갈 방향을 정했다. 청중 앞에서 강연을 하거나 데이트를 하거나 재정 상황을 검토하는 등 단계를 하나씩 완료할 때마다 다음 단계에 대한 자신감이 커졌다. 시간이 지나자 이런 작은 걸음이 제2의 천성으로 자리 잡혔고 더 큰 걸음을 내디딜 수 있다는 자신감이 생겼다.

당신은 현재 어떤 부분에서 어려움을 겪고 있는가? 회사에서 관리자 직급인데 직원들에게 건설적인 비판이 필요할 때도 '똑 부러지게 말하지 못해서' 좀 더 자신감 있는 태도를 취하고 싶은가? 그렇다면 '직원들에게 매주 피드백을 하나씩 해주는 것'을 자신의 골디락스 단계로 정할 수 있다. 자신의 직업과 관련된 글쓰기에 자신이 없다면 매주 한 번씩 링크드인에 글을 올리려고 노력해 보자. 친구를 사귀는 데 자신감이 부족하다면 2주에 한 번씩 친구 한 명과 커피 약속을 잡아 보자.

시간이 지나면 이런 목표를 반복해서 달성할 수 있다. 너무 어려우면 목표를 낮추면 된다. 너무 쉽거나 달성한 후에도 뭔가 미적지근하다고 느껴지면 목표를 조금씩 높여 보자. 내 경험상 대부분의 사람들은 포그의 치실 사용 실험처럼 너무 큰 목표를 세우는 경향이 있다. 아무리 간단하고 쉬워 보이는 일이라도 좀 더 쉽게 만드는 편이 낫다.

마지막으로 축하에 관해 이야기해야겠다. 여기서 중요한 점은 아주 작은 발걸음을 통해 지속적인 변화를 이루려면 주변에서 알아차리고 축하해 주어야 한다는 것이다. 포그는 저서에서 축하가 습관을 형성하는 데 중요한 요소라고 명시적으로 언급했다. 포그는 치과 의사가 충치가 하나도 없다고 말할 때까지 축하를 미루지 않았다. 그저 치아 하나를 치실질할 때마다 혼자 춤을 추었다.

이렇게 작은 한 걸음을 축하하면 그 행동과 관련된 긍정적인 감정이 생기고 다음날 뇌가 그 행동을 다시 완료할 가능성이 높아진다. 이런 유형의 에너지 생성에 대해서는 나중에 더 자세히 설명하겠다.

"작은 시작을 얕보지 말라."는 옛 속담이 있다. 자신감 사이클은 작게, 정말 작게 설계되어 있다. 나는 독자들이 자신감 마라톤을 뛰게 하려는 것이 아니다. 문밖으로 딱 한 걸음만 나가게 하려는 것이다. 그리고 이 장에서 여러분이 얻어야 하는 게 바로 그것이다. 매우 간단해서 아직 책을 다 읽지 않은 상태에서도 자기 삶 속에 자신감 사이클을 실행할 수 있는 방법 말이다.

지금 취할 수 있는 마이크로 행동 하나에 집중해서 마이크로 에너지를 만들자. 그런 작은 발걸음을 내딛을 수 있는 마이크로 용기를 찾자. 마이크로 행동을 실행에 옮기고 무엇이든 자신이 그 일을 해냈다는 마이크로 증거를 찾자. 그러면 다음 단계에서는 더욱 자신감 있게 진화된 자신의 정체성을 느낄 수 있다.

우리가 함께 하는 시간 동안 당신의 자신감을 높일 훨씬 구체적인 전략과 전술을 알려줄 테니 걱정할 필요 없다. 지금 한 이야기가 자신감 사이클의 핵심이다.

자신감 요약 노트

- 1온스의 변화가 당신의 삶을 크게 바꿀 수 있는 힘을 가지고 있다. 큰 일을 이루고 싶다면 작은 것부터 생각하자.
- 자신감 사이클:
    1. 마이크로 에너지: 개선할 부분에 새로운 관심을 불어넣자.
    2. 마이크로 용기: 불편함을 이겨 낼 용기를 내자.
    3. 마이크로 행동: 작은 행동을 완료하자.
    4. 마이크로 증거: 올바른 방향으로 나아가고 있다는 증거를 찾자.

큰 자신감을 얻으려면 작은 것부터 시작해야 한다. 우리의 본질을 결정하는 것은 큰 승리가 아니라 원하는 미래를 향해 매일 조금씩 내딛는 간절한 발걸음이다.

본인 삶의 어떤 영역에 자신감 사이클을 적용하고 싶은지 생각해 보자. 대인 관계, 재정, 경력, 사고방식 개선까지 다양할 수 있다. 개선하고 싶은 부분을 명확히 파악하면 원하는 삶을 만들어 갈 로드맵을 설계하는 데 도움이 된다.

제2부

Micro-Energy

포기하지 않게 만드는
'마이크로 에너지'의 힘

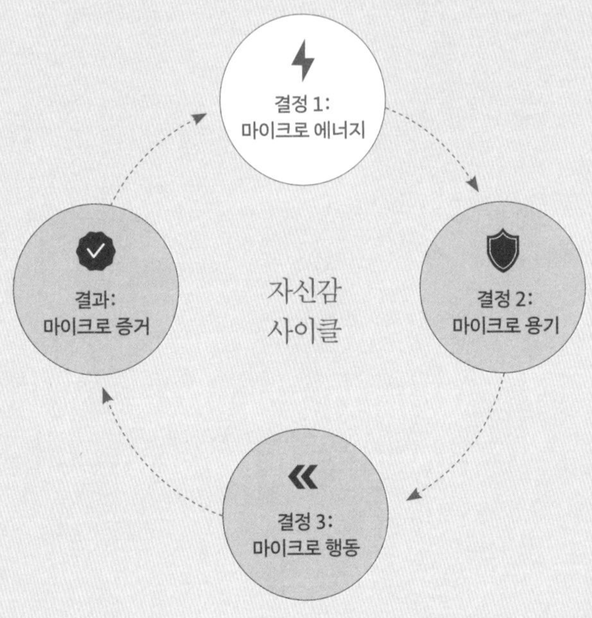

마이크로 에너지

불편한 상황에 기꺼이 직면할 만큼 설렘을 안겨 주는 기대감의 불꽃

마이크로 에너지

자신감을 추구하기를 주저하는 이들이 많은 이유는 순전히 의지력에만 의존해서 동기를 얻으려고 하기 때문이다. 그러나 '다음에는 당당하게 목소리를 내겠다', '배우자에게 더 솔직해지려고 노력하겠다', '사람들 눈을 똑바로 바라보려고 최선을 다하겠다' … 이런 다짐만을 되뇌는 단순한 의지력은 오래 지속되지 못하므로 이를 시작점으로 삼을 수는 없다.

제3장과 제4장에서는 자신감 사이클을 진행하는 데 필요한 용기가 사실 에너지의 부산물이라는 것을 보여 줄 것이다. 여기서 말하는 에너지는 자신의 삶에 좋아하는 것들만 가득하고 싫어하는 것은 전혀 없을 때 느끼는 흥분감이다.

자신감을 키우려면 먼저 자기 삶에 더 많은 에너지를 불어넣고 목표를 향해 나아가는 것부터 시작해야 한다. 그러면 필요한 행동(회의에 의견을 내거나 아이들에게 안 된다고 말하는 것 등)을 취할 용기가 생긴다. 거기서부터 자신감 사이클을 따라 움직이게 될 것이다.

내면에 불을 지피는 5가지 에너지 부스터

사람들은 당신을 만나기 전에 당신의 에너지와 먼저 만난다.

_ **후안 벤다냐**Juan Bendaña, **동기 부여 전문가**

내 친구 D는 여섯 살 때부터 거의 몽상가에 가까운 낙관주의자였다. 경제적 어려움을 겪는 부모님을 보면서 언젠가 부모님에게 크고 멋진 집을 사드리겠다고 다짐했다. 그녀의 어머니는 청소부였고 아버지는 여러 직업을 전전했다. 그녀는 어떤 어려움에도 굴하지 않았다. 하지만 성인이 된 그녀가 직장 생활을 해서 번 돈으로는 부모님에게 집을 사드리겠다는 꿈을 이룰 수는 없었다. 그럼에도 그녀의 몽상적인 낙관주의는 꺾이지 않았다.

그러던 어느 날 D에게 기회가 생겼다. 〈서바이버〉라는 TV 프로그램에 출연 지원을 했는데 어쩌다가 뽑히게 된 것이다.

그녀는 프로그램 출연자로 뽑혔다는 소식을 들은 순간부터 가슴이 설렜다. "꼭 100만 달러를 탈 거야." D는 피지로 향하는 비행기에 오르기 전에 오빠에게 말했다. 그리고 부모님을 보며 이렇게 말했다. "제 걱정은 마세요. 다음에 절 만날 때는 백만장자가 되어 있을 테니까요."

그 뒷이야기는 하기가 망설여진다. 내가 거짓말을 한다고 여기거나 끌어당김의 법칙이나 '원하는 대로 구하면 응답을 받을 것이다' 같은 사상을 홍보한다고 생각할 테니까 말이다. 놀랍지만 D는 정말 상금을 탔다.

중요한 것은 D가 상금을 탔다는 게 아니다. 보통 사람은 그런 결과를 얻지 못했을 가능성이 크기 때문이다. 하지만 그녀는 〈서바이버〉 출연자로 선발되었을 때쯤 이미 소규모지만 성공적인 사업을 시작한 상태였다. 사업을 하기 전에는 비서로 일했고 그 전에는 약국에서 일했다. 그녀는 끊임없이 앞으로 나아가면서 차근차근 위로 올라갔다. 만약 그 길을 계속 걸었다면 〈서바이버〉 상금을 받지 않았어도 언젠가 부모님에게 집을 사드릴 수 있었을 것이다. 그것이 바로 핵심이다.

미래에 대한 기대감이 D의 현재에 활력을 불어넣고 주변의 경제적 현실에 맞설 용기가 되었다. 이런 와중에도 그녀는 자신감을 잃지 않았다. 이것이 바로 에너지가 하는 일이다. 약간의 설렘이 있으

면 자신감 사이클의 다음 단계인 용기로 넘어가기가 조금 더 쉬워
진다.

자신감은 작은 불꽃만 있어도 타오른다

나와 함께 일하는 팀원들에게 자신감 사이클의 첫 번째 단계가 에
너지라고 말하자 회의론자인 조시는 놀라서 의자에서 떨어질 뻔했
다. 모든 훌륭한 아이디어는 조시의 품질 보증 검사를 통과해야 하
는데, 그의 기준은 매우 높다. 그의 표정만 보아도 무슨 생각을 하는
지 알 수 있었다. '에너지라니, 무슨 뜬구름 잡는 소리야?'

내가 말하는 에너지는 그런 게 아니다. 우리의 목표는 자신감을
키우는 것 아닌가? 앞서 한 얘기처럼 자신감은 동사, 즉 행동이지
타고난 재능이 아니다. 우리의 정의에 따르면 자신감은 증가하거나
감소할 수 있고 일종의 실천하는 습관이다.

그렇게 사람들은 용기를 내 자신감을 키우려고 실전에 바로 뛰어
들고는 한다. 하지만 우리가 오해하기 쉬운 부분이 있다. 용기는 자
신감 사이클의 두 번째 단계다.

사람들은 대게 이런 식으로 일을 건너뛴다. 체중 감량, 두려움 극
복, 중독 자료 등 온갖 개인적인 발전을 위해 흔히 '의지력'이나 '동

기'라고도 불리는 용기를 발휘하려고 한다. 하지만 의지력은 오래 가지 못한다. 몇 번 정도는 용기를 내 출발선에 설 수도 있지만 결국 용기는 바닥나 버린다. 그래서 헬스장이 1월만 되면 살을 빼려는 사람들로 북적이다가 3월에는 텅 비는 것이다. 미국 해군 엘리트 특수 부대인 네이비 실 훈련의 중도 탈락률이 거의 80퍼센트에 달하는 이유도 이 때문이다. 사람들이 대학을 졸업하지 못하는 이유도 마찬가지다. 그들은 대담하게 시작하지만 삶의 다른 문제는 거의 해결하지 못한 채 결국 좌절하고 만다.

이선과 캐서린의 경우를 살펴보자. 두 사람은 여러모로 비슷한 점이 많다. 둘 다 30대 초반이고 직장 생활을 한 지 10년이 되었다. 이제 회사에서 높은 자리로 올라가기 위해 사람들 앞에서 말하는 법을 배워야 할 시점이 된 것이다. 그런데 문제는 두 사람 다 두려움에 떨고 있다는 점이었다.

그들은 다른 사람들 앞에서 편안하게 말하는 법을 알려 주는 지역 모임에 가입했다. 갈수록 규모가 커지는 청중들을 대상으로 실습도 할 수 있다고 했다. 4개월간 진행되는 이 프로그램은 매주 두 번씩 수업을 듣고 숙제도 해 가야 하는 힘든 과정이다.

용감한 캐서린은 과감하게 이 과정을 등록했다. 화요일과 목요일 저녁에 스피치 수업이 있어서 약혼자에게 당분간 주중에는 데이트를 할 수 없다고 말했다. 그리고 매주 직장에서 무슨 일이 있어도 수업에 꼭 참석했다. 추가 프로젝트를 맡아 달라는 상사의 요청을 수락한 뒤에도 스피치 수업에는 시간 맞춰 참석했다. 매주 추가 업무가 생긴 뒤에도 수업에 빠지지 않았고 수업 시간에 늦지 않으려고 퇴근하자마자 바로 간 적도 많다.

하지만 사실 캐서린은 수업에 참석하는 것이 싫었다. 직장과 스피치 수업 양쪽 모두에서 심한 스트레스를 받았고 극도의 피로감이 친구들과 약혼자와의 관계에도 영향을 미치기 시작했다.

이선은 어땠을까? 에너지를 현명하게 활용하는 그도 승진을 원하지만 사람들 앞에서 말하는 것은 싫어한다. 어쩌면 캐서린보다 더 싫어할지도 모른다. 전반적으로 캐서린보다 대담함이 부족한 그는 이 문제를 조금 다른 방식으로 접근했다.

먼저 앞으로 몇 달 동안은 스피치 수업에 전념해야 하기 때문에 추가 프로젝트에 참여할 시간이 없다고 직장에 알렸다. 스피치 수업은 장기적으로 그의 경력과 직장에 두루 도움이 될 것이다. 그는 또한 약혼자에게 목요일 밤마다 하던 피클볼 데이트를 당분간 취소해야겠다고 말했다. 대신 그날 밤 자신의 스피치 연습을 들으러 올 의향이 있는지 물었더니 약혼자는 좋다고 했다.

이선은 싫어하는 숙제를 끝내려고 아침 일찍 일어나 좋아하는 동네 카페에 가서 숙제를 하고, 카페에서 숙제를 할 때마다 '내게 주는 보상으로 꼭 고칼로리 음료를 마셔야지' 라고 다짐하고 앞으로 4개월 동안 화요일과 목요일 밤이 싫어질 것임을 대비해 좋아하는 와인을 몇 병 사 둔다. 목요일은 직접 앞에 나가 말을 해야 하는 날이라서 특히 더 싫었는데, 스피치를 할 때마다 '이 일만 끝나면 약혼자와 함께 와인을 마실 수 있다'고 생각하니 이제는 발표하는 날이 거의 기대가 될 정도다.

스트레스와 과로에 시달리고 인간관계에 지친 용감한 캐서린과 에너지를 현명하게 활용하는 이선, 이들 둘 중에 누가 스피치 수업을 끝까지 들을 것 같은가? 나는 이선 쪽에 베팅하겠다.

내가 좋아하는 영화 중에 〈아메리칸 셰프〉라는 영화가 있다. 영화에 등장하는 한 훌륭한 셰프는 고급 레스토랑에서 일하지만 항상 우울하고 비참한 기분을 느낀다. 요리에 대한 사람들의 요구를 계속 충족시켜야 하고 새로운 아이디어를 발휘한 요리를 만드는 것도 허락되지 않는다.

어느 날 한계에 도달한 그는 레스토랑을 그만두고 푸드 트럭을 시작하면서 요리에 대한 열정을 되찾는다. 푸드 트럭을 시작하는 것은 쉬웠을까? 결코 그렇지 않았다. 여기에도 트럭 개조나 재정난, 직원 채용과 해고 등 처리해야 할 일들이 무수히 많았다. 차라리 영혼 없는 주방에 계속 머무는 편이 더 쉬웠을 것이다. 하지만 그는 본인이 원하는 것, 즉 영감을 주는 요리를 만드는 데 집중함으로써 푸드 트럭과 자신의 삶에 에너지를 불어넣었다. 그는 그냥 현재의 상황을 감내하면서 원하는 것을 찾은 게 아니라 삶에 에너지를 보태 요리에 대한 열정을 되찾았다.

용감한 캐서린과 에너지를 현명하게 활용하는 이선은 똑같은 두려움을 품고 있었고 같은 분야에서 자신감을 키우고 싶어 했다. 두 사람의 삶에는 비슷한 부분이 많았지만 캐서린은 의지력, 동기 부여, 용기만으로 해낼 수 있다고 생각한 반면 이선은 상황을 살펴보고 자신을 설레게 할 요소들을 추가했다. 그가 어떻게 이 두 가지를 해냈는지 자세히 살펴보자.

1. 자신의 에너지를 앗아갈 수 있는 요인인 업무 스트레스, 관계에 대한 부담감, 숙제에 대한 두려움, 사람들 앞에서 말해야 한다는 공포감을 사전에 고려했다.
2. 자신의 에너지를 북돋아 줄 활동, 즉 수고에 대한 보상으로 밤에 와인을 마시거나 약혼자를 초대해 자기 스피치를 지켜보게 하는 것 등을 추가했다.

여기서 말하는 에너지는 세도나Sedona 사람들이 수정 조각 두 개를 비벼서 만들어 내는 에너지와는 다르다(미국 애리조나주 세도나는 강력한 지구 자기장인 볼텍스 에너지가 강하다고 알려져 전 세계 명상가들이 많이 찾는 곳이다—옮긴이). 삶에 대한 기대감을 불러일으키는 다음과 같은 에너지를 말하는 것이다.

- 휴가를 떠나기 전날의 기분

- 독서, 테니스, 그림 그리기, 드라마 〈슈츠〉 시청 등 매주 좋아하는 활동을 하면서 얻는 체력 재충전
- 콘서트, 데이트, 친구들과의 외출을 기다리면서 느끼는 기대감

과학계에서는 '활성화 에너지'Activation Energy 라는 용어를 사용하는데, 화학에서 이는 "반응을 시작하는 데 필요한 최소한의 에너지를 나타낸다."[1] 화학 반응을 일으키려면 일련의 사건을 촉발할 수 있는 초기 에너지가 일정량 필요하기 때문이다.

심리학자들은 이 용어를 '작업을 시작하는 데 필요한 동기'라는 뜻으로 사용한다.[2] 나는 이 정의가 정말 마음에 든다. 이는 단순한 정신적 의지력이나 회복력이 아니라 일을 시작하는 데 필요한 정신적인 노력을 나타낸다. 이것을 자신감에 적용하면 다음과 같이 정의할 수 있다. 당신에게 필요한 에너지는 '불편한 상황에 기꺼이 직면할 만큼 설렘을 안겨 주는 기대의 불꽃'이다.

중요한 점은 불씨가 반드시 클 필요는 없다는 것이다. 에너지를 현명하게 활용하는 이선을 떠올려 보자. 수업을 마친 뒤에 마실 와인 한 모금에 대한 기대만으로도 스피치 수업에 참석하기에 충분한 설렘을 얻었다. 자신감 문제에 있어서는 작은 불씨 하나만 있어도 자신이 지금까지 생각했던 것과 다른 사람임을 입증하는 일련의 일들을 시작할 수 있다. 에너지를 현명하게 활용하는 이선은 스피치 수업에 참석한 덕분에 대중 연설에 더 자신감을 가질 수 있었

다. D는 미래의 비전에 기대감을 품은 덕분에 당장의 재정 문제에 자신 있게 대처할 수 있었다. 앞서 얘기한 신발의 신 바우어만은 새로운 신발 무게를 1온스씩 줄일 때마다 너무 신이 났기에 신발 개선이라는 트랙을 쉬지 않고 달릴 수 있었다. 그렇다면 자신에게 에너지를 공급하려면 무엇이 필요할까?

에너지를 불어넣는 방법

만약 일주일이 좋아하는 것들로 가득하다면 당신은 참기 힘든 몇 가지 일에 더 전념할 수 있을까? 매주 참석해야 하는 정말 싫은 개별 상담도 그 뒤에 좋아하는 스포츠 활동을 할 수 있다면 그렇게 나쁘지 않게 느껴질까?

매일 잠자리에 들기 전에 좋아하는 소설을 30분씩 읽을 수 있다면 그 전에 어린 자녀들을 돌보는 시간이 조금은 덜 힘들 것이다. 자신에게 해가 되는 관계에 대해 힘든 대화를 나누었다면 헬스장에 가서 평소 루틴에 따라 운동을 하며 체중을 감량할 용기가 생길 것이다. 관계 회복은 어렵고 시간도 오래 걸리지만 그동안 피해 왔던 대화의 문을 여는 것이 그 첫 단계가 되는 경우가 많다.

이번 장에서는 삶에 작은 에너지를 불어넣을 수 있는 방법을 몇 가지 알아볼 것이다. 그렇다. '작다'고 말했다. 삶에 새로운 에너지를 더해 줄 쉽고 작으면서 재미있는 방법을 알려주려고 한다. 대부분은 너무 쉬워서 우스꽝스럽게 느껴질 수도 있다. 하지만 우리에게 큰 영향을 미칠 수 있는 작은 변화에 집중하는 것이 바로 이 책의 핵심이다. 때로는 긴장을 좀 풀고 어색하게 느껴질 수도 있는 새로운 일을 시도해야 하는 경우도 있다.

일례로 내가 내담자들에게 자주 소개하는 에너지 충전 방법 가운데 하나는 아주 쉽지만 좀 유치하게 들릴 것이다. 바로 스킵Skip(깡충깡충 뛰기)이다. '다리 운동 생략'이나 '스포티파이에서 싫어하는 노래 건너뛰기' 같은 게 아니라 실제로 뛰는 것이다. 좀 미친 소리 같은가? 나도 다른 사람들처럼 긴장을 많이 한다. 나는 운 좋게 꽤 큰 무대에서 연설할 기회가 가끔 있었는데, 무대에 오르면 항상 기운차게 시작할 준비가 된 것처럼 보이려고 애쓴다.

하지만 무대에 오르기 30분쯤 전부터 겁에 질려 있다는 사실은 아마 다들 모를 것이다. 때로는 공포감을 느끼기도 한다. 무대가 싫고 객석에 앉아 있는 사람들을 떠올리는 것도 싫다. 너무 초조하고 손바닥에는 땀이 흥건하고… 뭐 그런 상태다. 물론 시간이 지나면 어느 정도 괜찮아지기는 한다. 하지만 만약 내 마음대로 할 수만 있다면 무대에 올라 연설하기 30분 전에 어떻게든 호텔로 돌아갈 핑계를 찾을 것이다. 그럴 때마다 택시를 타고 사라지지 않는 이유는 무대에 오르기 10분 전쯤에 하는 행동 덕분이다.

나는 어린아이처럼 복도를 깡충깡충 뛰어다닌다. 결혼 전에 아내에게 그런 모습을 들키지 않아서 정말 다행이다. 이 방법이 왜 효과가 있을까? 바로 자세 교정이 5가지 마이크로 에너지 부스터 중 하나이기 때문이다. 이 부스터는 에너지가 부족한 삶의 순간을 활기찬 몰입의 순간으로 바꾸어 준다. 이 부스터를 하나씩 자세히 살펴보면서 이것이 어떻게 우리의 에너지에 즉각적 변화를 일으키는지 알아보려고 한다.

1. 자세 교정으로 활력 되찾기
2. 설렘 장치 만들기
3. 에너지를 충전해 주는 사람
4. 맞춤형 휴식
5. 확실한 이유를 통해 자신감 찾기

1. 자세 교정으로 활력 되찾기

자세는 에너지와 자신감에 상상 이상으로 큰 영향을 미친다. 세계적으로 유명한 동기 부여 전문가 토니 로빈스Tony Robbins는 "자세가 감정에 영향을 미친다."고 말한다. 혈액의 흐름을 바꾸면, 다시 말해 보다 긍정적인 자세를 취하면 생각과 감정도 긍정적으로 바뀌기 시작한다는 뜻이다.

이와 관련된 연구도 있다. 사회심리학자이자 작가인 에이미 커디Amy Cuddy는 무작위로 구성한 두 그룹의 사람들에게서 타액 샘플을 채취했다. 그리고 2분 동안 '하이 파워 포즈'(몸을 쭉 뻗은 자세)나 '로우 파워 포즈'(몸을 웅크린 자세)를 취하게 했다.[3] 그런 다음 이런 포즈를 취한 사람들에게 두 번째 타액 샘플을 채취했다.

커디는 어떤 포즈를 취하느냐에 따라 호르몬 수치가 달라질 수 있다는 것을 발견했다. 하이 파워 포즈는 강하다는 기분이나 자기 주장과 관련된 호르몬인 테스토스테론 수치를 높이고 스트레스 호르몬으로 알려진 코르티솔 수치를 낮췄다. 반면 로우 파워 포즈는 테스토스테론 수치를 낮추고 코르티솔 수치를 높였다.

내가 깡충깡충 뛰어다닐 때 분비되는 호르몬에 별명이 있다면 아마 '스물두 살이 된 듯한 기분' 호르몬일 것이다. 이렇게 뛰어다니면 활력이 느껴질 수밖에 없다. 즉 내가 우연히 발견한 깡충깡충 뛰기 루틴은 그 나름의 근거가 있었던 것이다. 그런데 파워 포즈에 대한 과학적 연구가 계속됨에 따라 모든 상황에서 동일한 효과를 보이지는 않는다는 점이 드러났다. 과학적 효과에 대한 논란이 있긴 하지만 신체 자세가 심리 상태에 영향을 준다는 점은 여러 연구에서 확인되었다. 그러니 앞서 말한 포즈들을 취한다고 손해 볼 일은 없을 것이다.

그리고 회의적인 이들을 위해 말해 두는데, 청중들 앞에서 이 깡충깡충 뛰기 루틴에 대해 얘기한 뒤에 아주 냉정한 코치를 만난 적이 있다. 그 코치는 고등학교 농구팀을 5회 연속 우승으로 이끌었다고 한다. 나를 강사로 초대한 친구는 코치가 냉정하고 엄격한 사람이라며 "웃는 얼굴을 본 적이 없어요. 아예 안 웃는 사람이에요."라고 덧붙였다.

그 코치는 에너지가 자신감에 미치는 영향에 관한 내 강연을 귀 기울여 듣는 것 같았다. 그리고 강연이 끝난 뒤 복도에서 우연히 나와 마주쳤다. 지금 돌이켜 보면 나는 아마 그가 기껏해야 나와 악수를 나누고 "수고하셨습니다."라고 말한 뒤 곧바로 자리를 뜰 것이라고 예상했던 것 같다. 하지만 실제로 벌어진 일은 생각과 달랐다. 한 번도 웃어본 적이 없다는 코치는 "강연 정말 재밌었습니다. 아주 훌륭했어요, 후안."이라고 말했다.

'지금 웃어야 하나? 코치가 웃을 때까지 기다려야 하나? 우리 둘 다 웃을까? 아니면 그냥 웃는 건 건너뛰어?' 머릿속에 온갖 생각이 스쳐 지나갔지만 내가 목격한 광경은 미처 예상하지 못했다. 얼음장처럼 차갑다는 우승 팀 코치가 돌아서서 복도를 깡충깡충 뛰어갔다가 다시 내 쪽으로 돌아왔다. 그리고 나를 보며 이렇게 말했다. "이런 강연을 들을 때면 대개 중간에 잠들고는 했는데 당신은 우리 모두에게 아주 훌륭한 관점을 제시해 주었습니다. 우리 선수들에게도 이 방법을 적용해야겠어요."

물론 깡충깡충 뛰는 것만이 자세를 교정하는 유일한 방법은 아니다. 다른 아이디어도 몇 가지 소개한다.

- 어깨를 펴고 똑바로 선다.

- 패배감이 느껴지면 가슴을 편다.

- 밖에 나가 잠깐 산책을 하면서 몸을 움직이고 동시에 주변 환경
  도 바꾸어 본다.

- 좋아하는 노래를 틀고 몇 분간 춤을 춘다.

아니면 자기만의 아이디어를 활용해도 된다. 다른 이들에게 얼마나 우스꽝스럽게 들릴지 걱정할 필요 없다. 앞서 언급한 디즈니 공연자 랜들도 춤을 그렇게 잘 추지는 못하던 사람이다. 그는 실제로 홈커밍(졸업생들이 모교로 돌아와 재학생, 학부모들과 함께 즐기는 미국 고등학교의 전통적인 축제) 댄스파티 때 화장실에 숨어 있었다고 한다. 그런데 어찌 된 일인지 월트 디즈니 월드 무대에서 춤추는 역할을 맡았다. 안무가가 "세상에, 정말 형편없네요."라고 평한 적이 있는데도 말이다. 그는 정말 지독히도 춤을 못 추기 때문에 이런 어처구니없는 상황을 떠올리면 지금도 웃음이 난다고 했다. 랜들은 무대에 올라가 춤을 추면서 돈을 벌기 전에 테일러 스위프트의 노래를 들었다. 무대 뒤에 서 있던 이 남자는 스위프트의 노래에 맞춰 고개를 까닥거리면서 지금부터 엄청나게 자신 없는 일을 해야만 한다고 자신을 다독였을 것이다.

조금 덜 창피한 버전을 찾고 있다면 중요한 프레젠테이션을 하기 전에 씩씩하게 걷거나 팔을 앞뒤로 힘차게 흔들거나 20초 동안 제자리에서 깡충깡충 뛰어 보자.

시도해 볼 만한 다른 어린아이 같은 활동

첫 번째 에너지 부스터에 '아이처럼 행동하기'라는 제목을 붙였다면 남자 독자들 90퍼센트는 이 부분을 건너뛰었을 것이다. 하지만, 솔직히 말해서, 이 방법은 정말 효과가 있다. 수많은 연구에서 놀이가 학습과 생산성의 핵심 요소라는 결론이 나왔다.[4] 시도해 볼 만한 다른 활동을 몇 가지 더 소개한다.

1. 컬러링 활동: 스트레스 해소, 재충전 등에 도움이 된다는 흥미로운 연구 결과가 있다.
2. 퍼즐 맞추기: 뇌 건강에 매우 좋다는 연구 결과가 있다.
3. 나만의 낮잠 시간 정하기
4. 보드게임 하기
5. 산타에게 편지 쓰기

2. 설렘 장치 만들기

내 친구 티나는 몇 년 전에 새 직장을 구했다. 책임이 무겁고 일거리가 많아서 고생스러웠지만 썩 나쁜 직장은 아니었다. 실제로 일부 업무와 높은 급여, 쌓여 가는 경력 등은 티나도 마음에 든다고 했다. 문제는 딱 하나, 일이 힘들다는 것이었다.

하지만 티나는 무언가가 힘들다고 해서 반드시 그만둬야 하는 것은 아니라는 걸 알고 있었다. 그래도 매주 힘든 시간을 헤쳐 나갈

방법을 찾아야 했다. 그래서 설렘 장치를 시도해 보기로 했다. 일정
표에 적어 두면 기분이 설레고 오늘을 버틸 에너지를 얻을 수 있는
무언가 말이다.

설렘 장치의 멋진 점은 사람마다 다 다르다는 것이다. 티나는 간
단한 것을 택했는데, 바로 〈아메리칸 아이돌〉 시청이다. 이 프로그
램은 일주일에 한 번만 방영된다. 그래서 티나는 매주 직장에서 힘
든 일이나 임무를 처리하면서 〈아메리칸 아이돌〉을 시청할 날만 기
다렸다. 놀랍게도 이런 기대감에서 솟아난 에너지를 팀원들도 알아
차릴 정도였다.

설렘 장치는 친구와의 저녁 약속, 자전거 타기, 디즈니랜드 여행
등 무엇이든 될 수 있다. 휴가 여행처럼 규모가 클 수도 있고 팟캐
스트 듣기처럼 소소한 것일 수도 있다. 중요한 것은 그 일이 당신에
게 설레는 기분을 안겨 준다는 것이다.

다시 한번 생각해 보자. 매일, 매주, 매달 당신의 일정 곳곳에 좋
아하는 일들이 가득 차 있다면 어떨까?

- 동네 카페에서 좋아하는 음료 마시기
- 30분 동안 걷거나 달리거나 자전거 타기
- 좋아하는 잡지나 책 읽기
- 모퉁이 빵집에서 간식 사 오기
- 예전에 타던 스케이트보드나 롤러스케이트 꺼내기

- 한 시간 동안 좋아하는 예술 활동 하기
- 온라인 무료 강좌를 통해 관심 있는 새로운 주제 배우기

방법은 당신이 정하면 된다. '매주 목요일마다 볼링을 친다'처럼 매주 같은 활동을 할 수도 있고 일주일에 하루 따로 날을 정해서 재미있는 활동을 하거나 사람들과 어울릴 수도 있다. 꼭 규칙적으로 할 필요도 없다. 직업이 조종사나 간호사인 사람은 일상이 규칙적이지 않을 수도 있다. 빈 시간을 찾아서 좋아하는 활동으로 채워 넣기만 하면 된다.

나는 티나처럼 매주 몇 가지 일을 정해 두는 게 가장 쉽다고 생각하는데, 핵심은 간단하다. 일정표를 보면 이것이 바로 자신의 삶이라는 생각에 '설레는 기분'이 들어야 한다.

그러나 잠깐, 설렘 장치에 돈이나 시간을 많이 쓸 필요는 없다. 물론 시간과 돈이 넉넉하다면 일주일에 40시간씩 UFC 시합에 나가기 위한 훈련을 시작하고 개인 트레이닝도 여러 번 받을 수 있다. 하지만 좋아하는 일을 자신의 일상과 연결할 시간을 마련하는 정도로도 충분하다.

한 친구는 여러모로 마음에 드는 직장에 다녔지만 어느 순간 업무 스트레스가 너무 심해진 탓에 출근하기 싫을 지경이 되었다. 게다가 아이를 돌보고 회사 일을 하고 병원까지 다니다 보면 하루 중에 남는 시간이 전혀 없었다. 그런데 우연히 그의 일상에 설렘 장치

가 추가되었다. 차가 고장 나서 어쩔 수 없이 출퇴근용으로 자전거를 샀는데 막상 타게 되니 친구는 본인이 자전거를 정말 좋아한다는 사실을 깨달았다. 자전거 타기는 스트레스를 해소하고 일에 쏟을 에너지를 새롭게 불어넣어 주었다. 덕분에 차를 고친 뒤에도 계속 자전거를 타고 다닐 정도였다.

당신은 자전거 타는 것을 싫어할 수도 있지만 걱정할 필요 없다. 즐겨 보는 TV 프로그램, 맛있는 라떼, 새로운 스포츠, 좋아하는 로맨스 소설 읽기 등 자신만의 설렘 장치를 찾아 일정표에 적어 두자.

3. 에너지를 충전시켜 주는 사람

환경, 사람, 활동, 일, 휴식 시간은 우리에게 에너지를 주거나 에너지를 앗아 가는 두 가지 역할 가운데 하나를 한다. 나는 사람들을 '에너지를 주는 사람'과 '에너지를 빼앗는 사람'으로 구분한다.

내 친구 스티븐을 예로 들어 보자. 그는 확실히 에너지를 주는 쪽이다. 스티븐은 이야기를 할 때 말하는 것을 정말 즐기기 때문에 듣는 사람도 함께 즐거운 시간을 보내게 된다. 스티븐의 태도는 주변 공간에 열정적인 불을 붙이고 그가 느끼는 것과 같은 기쁨을 다른 사람들에게도 전달한다.

반대로 에너지를 빼앗는 사람과 대화를 나누고 나면 너무 피곤해서 당장 낮잠이라도 자야겠다는 생각이 들 정도다. 이렇게 에너지를 빼앗는 사람과 보내는 시간은 줄이는 것이 좋다. 그들의 유해한 영향을 해소하려면 어떻게 해야 할까? 에너지를 충전해 주는 사람들을 만나야 한다.

에너지를 앗아 가는 사람과 충전해 주는 사람에 관한 멋진 이야기가 있다. '들어가며'에서 고등학교 때 영어 선생님인 H 선생님 이야기를 했다. 그분은 내게 "후안, 너는 의사소통 능력이 부족해!"라든가 "어떤 사람은 의사소통 재능을 타고나는데 너는 그렇지 않아." 같은 말을 종종 하셨다.

그 선생님은 훌륭한 분이었던 탓에 한동안은 그분 말을 믿었다. 그래서 말하기와 쓰기를 영원히 포기하려고 했었다. 그런데 어쩌다가 이 자리까지 왔을까? 내게 에너지를 불어넣어 준 두 분 덕분인데, 바로 어머니와 P 선생님이다.

연극 교사인 P 선생님은 학생들을 엄청나게 격려하고 용기를 북돋아 주는 분이었다. P 선생님은 내게 사람들 앞에서 말하는 훈련을 하라고 하셨다. 물론 내 말솜씨가 대단하다는 말은 안 하셨다. 실제로 그렇지 않았으니까. 대신 상황에 맞는 적절한 메시지를 전달하는 능력은 있는데 성장할 기회가 부족한 것이 약점이니 원한다면 얼마든지 발전할 수 있다고 말씀하셨다.

물론 하룻밤 사이에 실력이 늘지는 않았다. 연극 수업을 받으면서 조금씩 나아졌고 P 선생님이 계속 격려해 주신 덕에 더 열심히 노력해야겠다는 에너지를 얻었다. 결국 대학에 진학해 많은 사람 앞에서 말할 기회를 얻었는데, 이 이야기는 뒤에 하겠다.

이때 H 선생님에게 연락해서 선생님이 절대 대중과 소통하지 못할 것이라고 했던 학생이 이제 수많은 사람 앞에서 강연하는 사람이 되었다는 사실을 알려드릴까 하는 생각도 했다. 하지만 그분에게 연락하는 것이 너무 무서웠다. 그래서 H 선생님에게 자랑하는 것은 포기하고 대신 P 선생님에게 전화를 드렸더니 P 선생님은 곧 있을 강연을 잘하라며 격려해 주셨다.

말의 힘이 얼마나 강한지는 아무리 강조해도 지나치지 않다. 앞서 얘기한 심리학자 앨버트 반두라를 기억하는가? 그는 자존감에 영향을 미치는 네 가지 주요 요인을 제시했는데 그중 하나가 바로 말이다. 말이 우리에게 얼마나 큰 영향을 미치는지 놀라울 정도다. 우리는 말로 다른 사람을 무너뜨릴 수도 있고 큰 인물이 되도록 격려할 수도 있다. 따라서 긍정적인 이들을 곁에 두는 것이 매우 중요하다.

에너지를 주는 사람의 멋진 점은 다른 사람들에게 도움이 된다는 것이다. 혹시 내 주변에 이런 사람들이 있어야만 에너지를 얻을 수 있다고 생각할지도 모르지만 장담하건대 본인이 그런 사람이 되면 열 배나 더 많은 에너지를 얻을 수 있다.

나는 매주 금요일 오후 5시가 되면 인스타그램에 로그인해서 친구들과 안부를 주고받고 DM에 답장을 보낸다. 어느 금요일, 미치가 보낸 메시지를 보았다.

나도 미치에게 '고맙다'고 메시지를 보내다가 그의 프로필에 파란색 인증 배지가 있는 것을 발견했다. 그래서 호기심에 그의 인스타그램 프로필을 클릭했다. 알고 보니 미치는 NHL National Hockey League 에서 뛰는 선수였다. 나는 즉시 그에게 답장을 보냈다.

다들 주변 사람에게서 '너는 무엇은 할 수 있고 무엇은 할 수 없다'는 이야기를 들은 경험이 있을 것이다. 그들은 우리에게 '현실적'으로 생각하고, '달성 가능한 목표를 세우라'고 말한다. 이런 조언의 문제는 무엇일까? 목표가 제한된다는 것이다. 나는 낮은 목표를 세워서 성공하는 것보다 높은 목표를 세웠다가 실패하는 편이 낮다고 본다. 그러니 우리를 격려하고 큰 꿈을 향해 나아갈 수 있게 지지해 주는 사람들을 찾아야 한다. 당신이 원하는 것을 정하고 그 것을 이루기 위해 필요한 모든 노력을 기울이겠다고 다짐한 뒤 당 신 편에 서 있는 이들과 함께해 나가자.

4. 맞춤형 휴식

세계적인 컨설턴트 브래드 스털버그Brad Stulberg와 스티브 매그니 스Steve Magness는 최고의 성과를 올릴 수 있는 놀랍도록 간단한 공식을 제시한다. 바로 '스트레스 + 휴식 = 성장'이다.

물론 격렬한 활동을 한 뒤 중간중간 휴식을 취해야 에너지를 회복할 수 있다는 건 누구나 아는 사실이다. 사실 이런 리듬이 없으면 삶이 너무 편해지거나 버거워지는데, 두 경우 모두 전반적으로 자신감이 떨어진다. 엘리트 운동선수들은 열심히 훈련하고 충분한 휴식을 취하는 방법을 잘 안다. 이런 선수들은 에너지가 넘치는 사람들인데 그들의 비결은 바로 휴식이다.

나는 직장이나 학교, 또는 삶 전반에 어떤 문제가 생겼을 때 10분간 건물 주변을 걷거나, 친구에게 전화를 걸거나, 그냥 하룻밤 푹 자면서 앞으로 나아가는 데 필요한 에너지를 얻는 경우가 많다. 하지만 이런 간헐적인 휴식보다 더 나은 방법을 찾아낼 수 있다고 생각한다.

최근 우리 사회에는 휴식이나 긴장을 푸는 방법과 관련해 이상한 개념이 생겼다. 사람들은 원래는 은근한 의미를 담은 표현이었던 '넷플릭스 앤 칠'Netflix and chill(문자적 의미는 넷플릭스를 보면서 쉬자는 뜻이지만 원래 성적인 의미가 포함되어 있음—옮긴이)을 문자 그대로 받아들인다. 요즘 우리가 긴 일과를 마친 뒤 하는 일이라고는 넷플릭스나 다른 스트리밍 서비스를 시청하면서 서너 시간 정도 소파에 앉아 있다가 잠자리에 드는 것뿐이다. 그리고 다음날이 되면 여전히 피로가 가시지 않아서 왜 몇 시간 동안 비스듬히 누워 있어도 에너지가 채워지지 않는지 의아해한다. 그러고는 '오늘은 효과가 있을지도 모르지'라며 같은 방식을 반복한다.

어떤 사람은 잠깐 TV를 보거나 휴대폰을 스크롤하는 것을 휴식으로 간주할 수도 있다. 앞서 새 직장에서 길고 힘든 일주일을 보낸 뒤 〈아메리칸 아이돌〉을 시청하는 것을 보상으로 여긴 티나에 대해서 이야기한 적이 있다. 그럴 수도 있다. 하지만 대다수에게는 다른 무엇인가가 필요하다.[5] 과도한 스크린 타임은 불안과 우울증 수준 증가, 수면의 질 저하와 관련이 있고, 전자 기기와 SNS를 통해 정보에 쉽게 접근하면 뇌에 과부하가 발생할 수 있으며, 스트레스 호르몬인 코르티솔과 투쟁-도피 호르몬인 아드레날린 생성이 증가할 수 있기 때문이다.

중요한 점은 휴식에 대해서 의도적이고 적극적으로 생각하는 것이다. 휴식을 취하기 전에 잘 쉬려면 무엇이 필요한지 생각해 보자.

아주 기본적인 이야기처럼 들리겠지만 우리는 아주 작은 것부터 시작해서 자신감을 키워가려고 한다는 사실을 기억하자. 그 시작점 중 하나가 휴식이다.

자신에게 잘 맞는 간단한 휴식 방법을 찾아야 한다. 뜨개질을 좋아한다면 필요한 물건을 모두 모아 둔 멋진 뜨개질 바구니를 만들어서 쉽게 꺼낼 수 있는 곳에 두자. 퇴근 후 조깅이 긴장을 푸는 데 도움이 된다는 것을 알았다면 출근 전에 조깅 용품을 꺼내 놓고 신발과 옷도 모두 준비해 두자.

진정한 휴식, 즉 에너지를 생성하는 긍정적인 도전과 결합해 원기를 회복시키는 휴식은 우연히 일어나는 것이 아니다. 미리 계획을 세워야 진정한 휴식을 누릴 수 있다. 어떤 일에 직면했는데 자신 있게 대처할 만한 에너지가 없다면 의도적으로 재충전해야 한다.

많은 사람이 휴식에 도움이 된다고 여기는 방법을 몇 가지 살펴보자.

- 운동
- 명상
- 좋아하는 활동에 공들이기
- 스케치 또는 그림 그리기
- 정원 가꾸기
- 독서

- 보드게임

5. 확실한 '이유'를 통해 자신감 찾기

앞서 소개한 D를 기억하는가? 요약하자면, 그녀는 근면한 부모님 밑에서 자랐지만 그들은 여러 가지 직업을 병행하면서 겨우 생계를 꾸려 갔다. 그녀는 부모님에게 집을 사드릴 돈을 모을 때까지 열심히 일하고 일하고 또 일했다.

지금까지 소개한 에너지 부스터는 대부분 아주 사소한 것들이다. 만약 정말로 커다란 도약이 되는 방법이 딱 하나 있다면 바로 이것이다. 당신에게는 중요한 이유가 있어야 한다. D의 경우 부모님에게 집을 사드리는 것이 그 이유였다. 당신의 이유는 무엇인가?

이유가 정말 중요한 까닭은 에너지를 빼앗는 것들 가운데 '나쁜 습관' 같은 것은 제거하기가 정말 힘들기 때문이다. 또 다른 이유는 까다로운 업무 배당, 자녀 출산과 양육, 힘든 전화 통화, 건강 문제 해결과 같은 일은 본질적으로 에너지를 앗아 가지만 동시에 반드시 필요한 일들이기 때문이다. 이 두 번째 유형의 문제에 대처하려면 명확한 이유가 있어야 한다.

어미 곰이 새끼들을 보호할 때 얼마나 자신감에 차 있는지 생각해 보자. 천적이 등장하는 순간 어미 곰은 갑자기 아무것도 두려워하지 않게 된다. 급여 인상을 요구하거나 과감하게 보내기 버튼을 누르거나 전문가에게 맞서거나 정의를 요구하는 등 살면서 겪은 엄청난 순간을 떠올려 보자. 이런 경우 눈앞에 걸린 일이 정말 중요하기 때문에 그 순간 갑자기 자신감이 차올라 평소와 다른 사람이 되었을 것이다.

인간은 꽤 강인한 존재다. 그럴 만한 이유만 있다면 엄청난 고난도 헤쳐 나갈 수 있다. 여성들은 아이를 낳기 위해 인간이 경험할 수 있는 최악의 고통을 감내한다. 그리고 놀랍게도 자발적으로 그 고통을 되풀이해서 겪는 이들이 많다. 왜냐하면 그 고통 너머에 존재하는 가치가 바로 그들 행동의 이유였기 때문이다.

당신의 이유는 무엇인가? 당신은 이미 그 이유를 자기 삶의 GPS에 연결해 놓고 필요한 준비를 다 갖춘 상태일지도 모른다. 하지만 내가 만난 많은 이들은 실상 자신의 이유가 무엇인지 정확하게 알지 못했다. 왜 그 나쁜 습관을 버리려고 하는가? 왜 좋은 배우자가 되려고 하는가? 왜 체중을 줄이고 싶은가? 중요한 문제에는 그만큼 중요한 이유가 필요하다.

- 마이크로 에너지 부스터를 찾을 수 있는 다섯 가지 영역

  1. **자세 교정으로 활력 되찾기:** 자세를 바꾸고 깡충깡충 뛰어다니고 춤도 춰 보자. 이런 사소한 행동이 정말 중요한 역할을 한다.

  2. **설렘 장치 만들기:** 지금 바로 일정표를 꺼내 다음 주와 다음 달 일정을 살펴보자. 정말 마음을 설레게 하는 활동이 있는가? 없다면 몇 가지 추가하자.

  3. **에너지를 충전해 주는 사람:** 에너지를 앗아 가는 힘든 사람들의 반대편에는 격려해 주는 '에너지 충전기' 같은 소수의 사람도 있다. 하지만 이보다 더 멋진 일은 당신이 직접 다른 사람의 활력소가 되는 것이다.

  4. **맞춤형 휴식:** 뜨개질, 명상, 자전거 타기, 형과의 팔씨름 등 매일 즐거움을 안겨 주는 일을 찾아내고 이를 자주 할 수 있게 계획을 세우자.

  5. **확실한 이유를 통해 자신감 찾기:** 중요한 이유가 있으면 상황이 정말 힘들 때도 끝까지 버틸 수 있는 동기가 생긴다.

- 스트레스는 전부 나쁘다고 생각해서 도전을 피하려고 하는 경우가 많다. 하지만 스트레스나 힘겨운 상황을 유발하는 도전도 사실 휴식이 동반되면 실제로 우리에게 유익하다.

- **의도적인 휴식 > 시도 때도 없는 스마트폰 보기:** 중요한 것은 스크린 타임이 좋으냐 나쁘냐가 아니다. 당신에게 가장 큰 즐거움을 주는 휴식 방법과 휴식에 필요한 준비물을 미리 생각해서 챙겨 두는 것이 중요하다.

제2장과 제3장을 읽으면서 에너지를 높이는 데 도움이 되는 방법을 몇 가지 배웠기를 바란다. 결국 모든 것은 당신의 일정표에 달려 있다. 계획형 인간이 아닐 수도 있지만 그래도 상관없다. 문제는 다음 주와 다음 달에 정말 기대하는 활동이나 행사, 모임, 일 등에 참여할 예정이 있느냐다. 솔직히 말해서 우리들 대부분은 기대할 만한 일이 두세 가지도 안 된다.

지금 바로 일정표를 꺼내서 앞으로 10주 동안 매주 최소 한 가지씩 정말 좋아하는 일을 할 수 있게 일정표에 적어 보자. 이런 계획은 복잡하거나 돈이 많이 들거나 시간이 많이 소요될 필요도 없다. 간단하면서 다채로운 방법이 있다. 어떤 주에는 좋아하는 책을 읽을 시간을 따로 떼어 놓고, 그다음 주에는 이틀 정도 휴가 여행을 가는 것도 좋다. 아니면 매주 정해진 교회 예배, 새로운 댄스 수업, 볼링 등 일정에 따라 진행되는 행사나 활동을 찾을 수도 있다.

본인이 원하는 만큼 규모가 클 수도 있고 아주 작을 수도 있지만 매주 기대할 만한 일이 하나씩은 있어야 한다. 아기를 돌보아야 하거나 돈이 부족하거나 할 일이 너무 많아서 지금 당장 집이나 직장에서 벗어날 수 없어도 괜찮다. 몇 분 안에 할 수 있는 쉬운 일을 고르면 된다.

좋아하는 일을 할 시간을 일주일에 30분도 내지 못한다면 곧 문제가 생길 것이다. 반대로 가슴 설레는 일이 기다리는 상태에서 일주일을 시작하면 가족과 직장, 전반적인 삶 속에서 더 나은 모습을 보여 줄 수 있을 것이라고 장담한다.

그리고 자신이 좀 더 대담해졌다는 사실을 즉시 깨닫게 될 것이다. 바로 그것이 제4장에서 이야기할 내용이다.

제4장

5가지 에너지 킬러를 물리치는 법

당신의 목적에서 발생하는 에너지가 당신의 삶을 결정한다.

_ **오프라 윈프리**Oprah Winfrey, **방송인**

당신에게는 아마 꿈과 목표가 있을 것이다. 작가가 되는 것, 강연자가 되는 것, 혹은 저녁 식사 자리에서 거리낌없이 자기 의견을 말하는 법을 배우는 것일 수도 있다. 목표가 무엇이든 이 장에서는 그 목표를 향해 나아갈 수 있는 에너지를 안겨 줄 것이다.

제3장에서는 삶에 더 많은 에너지를 불어넣는 방법을 배웠다. 그런 에너지는 약간만 있어도 지금 하는 일에 즉각적으로 더 큰 자신감을 느낄 수 있다.

하지만 이제 에너지가 새는 구멍을 메워야 한다. 삶의 활력을 끊임없이 앗아 가는 5대 에너지 킬러를 막는 방법을 알려 주겠다. 이 에너지 킬러 가운데 하나만 찾아서 없애도 에너지 파이프에 뚫린 거대한 구멍을 막는 것과 같은 효과가 생긴다. 그러면 더 많은 에너지를 얻기 위해 노력하는 한 그 에너지를 실제로 유지할 수 있게 될 것이다.

제4장에서는 에너지 킬러에게 빼앗긴 에너지를 되찾아 목표에 집중하는 방법을 생각해 보자. 우리가 지닌 에너지는 한정적이므로 불필요한 일에 에너지를 소모하지 말고 실제로 필요한 곳에 모든 에너지를 집중해야 한다.

1. 유해한 물리적 환경

나는 마이클 펠프스Michael Phelps를 경주에서 이길 수 있다. 사실 당신도 가능하다. 만약 마이클 펠프스와 경주하게 된다면 딱 한 가지만 바꿀 것이다. 그가 수영장에 있는 동안 나는 새로운 환경으로 들어가는 것이다. 즉 물에서 나와 그가 헤엄치는 동안 옆에서 달리는 것이다. 이 방법을 쓰면 역사상 가장 위대한 올림픽 수영 선수를 쉽게 이길 수 있다. 이것이 바로 환경의 힘이다. 똑같은 사람이 다른 환경에 처하면 완전히 다른 결과가 나올 수 있다.

심리학자 조던 피터슨Jordan Peterson은 방 청소에 관한 이야기를 많이 한다. 그의 말에 따르면 방의 청결 상태는 자신의 마음을 외부로 드러내는 것이다. 깨끗한 방은 삶이 잘 정돈된 것처럼 평온한 기분을 느끼게 하지만 지저분한 방은 마치 삶 전체가 혼돈에 빠진 듯한 기분을 안겨 준다. 어수선한 방은 자신감을 갉아 먹는다. 방과 삶이 엉망이라고 느낀다면 목표를 달성할 수 없다.

내면의 에너지를 생각할 때 가장 먼저 살펴보아야 할 곳은 바로 외부다. 주변의 어떤 요소가 에너지를 빨아들이고 있는지 확인해야 하기 때문이다. 하지만 에너지는 단순히 청결이나 멋지고 화려한 주변 환경이 아니라 질서, 안정감, 평온함과 관련이 있다. 나는 엄청 호화로운 집에 들어서자마자 어수선함을 느낀 적이 있다. 반대로 좋은 냄새가 나고 잘 정돈된 소박한 집에 들어서자마자 편안함을 느낀 적도 있다.

이는 대부분 객관적인 사실이다. 인간의 마음은 어수선함보다 청결함을, 혼돈보다 질서를 더 좋아한다. 하지만 때로는 선호도의 문제이기도 하다. 내가 아는 한 남자는 주변에 신나는 분위기가 조성되어야 일이 잘된다고 한다. 그는 동네에 있는 실내 암벽 등반장 로비에서 노트북으로 작업하다가 몇 시간에 한 번씩 암벽을 탄다. 왜 그럴까? 그는 근처 공유 오피스의 좁은 방에서 일하다 보면 에너지가 다 빨려 나가는 기분이라고 한다. 그래서 에너지를 북돋우려고 그런 '유해한' 환경을 직접 제거했다.

하루 종일 당신이 주로 접촉하는 침실, 거실, 업무 공간 등 두세 곳을 떠올려 보자. 깨끗하게 잘 정돈된 상태이고 미술품이나 가족 사진, 식물, 혹은 당신이 푹 빠진 암벽 등반용 벽처럼 좋아하는 것들만 있는가?

나는 최근에 이사했는데 새로운 집에 스튜디오 시설을 제대로 갖추지 못했다. 임시방편으로 마련한 공간에서 원격 기조연설이나 코칭 통화를 하려니 아무래도 어색한 기분이 들었다. 다행히 정말 필요할 때 친구가 자신의 전용 스튜디오를 빌려주어 일을 해낼 수 있었다.

주변 환경에 따라 에너지가 얼마나 급격하게 오르내리는지, 조명이나 식물, 예술 작품, 장식의 미묘한 변화에 업무 생산성이 얼마나 영향을 받는지 알면 다들 충격을 받고는 한다.

간단한 질문 하나

자기 삶에서 중요한 공간들을 살펴보고 어떤 점 때문에 기운이 빠지는지 생각해 보자. 사무실이 춥고 칙칙해서 출근하기가 싫은가? 이 공간에 활기를 불어넣을 방법은 무엇일까? 집이나 동네 스타벅스, 로비가 있는 헬스장 등에서 일할 수 있을까? 사무실 밖에서 일하는 것이 어렵다면 업무 공간을 새롭게 단장해 보자. 단돈 몇 달러만 들이면 화분이나 그림을 몇 장 살 수 있다. 집이 늘 지저분하다면 청소 업체를 부르거나 청소하는 날을 정해서 정기적으로 직접 청소하는 방법도 있다.

유해한 환경을 개선하는 방법보다 중요한 것은 하루 일과와 자주

가는 장소, 출퇴근 경로를 떠올리면서 자신에게 솔직하게 묻는 것
이다. '나는 이 공간에서 생생히 살아 있다는 기분을 느끼는가?' '아
니다'라는 답이 나온다면 지금 당장 손볼 수 있는 공간 한 곳과 그곳
의 분위기를 밝게 할 수 있는 소소한 변화 한 가지를 적어 보자.

사는 곳이 깨끗하고 좋아 보이면 자신감이 대폭 상승한다. '나는
깨끗한 사람이고 내 삶은 잘 정돈되어 있어'라는 생각 덕에 자신에
대한 평가가 곧바로 높아진다. 게다가 식물, 그림 몇 장, 기타 장식
품이 우리를 더 행복하게 해 준다.

2. 부정적인 생각

자신에 대해 가혹하게 말하는 사람들이 많다. 종종 자신에 대해
좋은 생각을 하나쯤 할 수도 있겠지만, 솔직히 말해서 부정적인 생
각은 그보다 서너 배쯤 많이 할 것이다.

친구들과 대화를 나눌 때 자신에 대해서 생각하는 방식대로 말한
다면 어떻게 될까? 친구에게 좋은 말을 하나 할 때마다 혹독한 비판
을 서너 개씩 퍼붓는다면 또 어떻게 될까? 내가 나를 미워하는 것
이 얼마나 어처구니없는 짓인지 예를 들어 보겠다.

좋은 말 한마디:

• "후안, 오늘 같이 어울릴 수 있어서 기뻐."

네 가지 비판:

- "후안, 넌 가끔 입냄새가 심하게 날 때가 있어."

- "후안, 네 옷들은 다 유행에 뒤처졌어."

- "후안, 넌 그렇게 대단한 작가는 아니야."

- "후안, 넌 사소한 일에도 겁을 잘 내."

이것이 왜 이상한지 아는가? 이 가운데 많은 내용이 사실일 수도 있다. 하지만 누군가에게 실제로 그렇게 말하는 자신의 모습을 상상할 수 있는가? 당연히 불가능하다. 정말 정신 나간 짓이다. 하지만 우리는 자기 자신에게는 항상 이런 식으로 말한다.

당신이 실수를 저질렀을 수도 있고 옷이 유행에 뒤처졌을 수도 있다. 하지만 삶의 부정적인 측면에만 집중하다 보면 에너지는 금방 고갈된다.

자신의 마음을 지키기 위한 싸움은 소중한 싸움이다. 우리는 항상 심한 불안감을 안고 살아가야 하기 때문에 그런 불안이 무엇인지 정확히 짚어 내는 것이 당연하게 느껴질 수도 있다. 하지만 자신의 가치에 관한 이런 내면의 대화가 자신에 대한 개인적인 관점을 바꾼다는 사실은 미처 깨닫지 못한다. '나는 ~하기에 부족한 사람이다'라는 말을 할 때마다 자신을 긍정적으로 생각하는 데 필요한 에너지가 대폭 줄어든다.

물론 우리는 타인도 부정적으로 볼 때가 있다. 또한 현대 사회를 살아가며 개인적인 나쁜 소식이나 비행기 추락 사고 같은 외부 세계의 나쁜 소식, 늦은 시간까지 자지 않고 인스타그램을 들여다보는 나쁜 습관 등 인간 삶의 최악의 측면을 통해 유대감을 형성하는 법을 배웠다. 그러다 보니 모든 일이 잘못될 것이라는 생각에 빠진 나머지 오직 실수에만 집중하는 경향이 생겼다.

우리가 유명인을 바라보는 시각을 떠올려 보자. 오스카상을 받거나 출연한 영화가 큰 성공을 거둔 것을 축하할 때를 제외하면 주로 그들에 대한 가십을 주고받는다. 많은 간행물에 가십 전문 코너가 있고 사실 잡지 전체가 가십으로 가득 차서 이제는 하나의 장르가 되다시피 했다.

어떤 이유 때문인지 우리 마음은 부정적인 측면을 찾는 경향이 있다. 사진이나 영상을 인터넷에 올렸을 때 가장 먼저 눈에 띄는 것은 무엇일까? 우리가 정말 멋지다고 말해 주는 몇 개의 좋아요와 댓글일까? 아니면 우리의 부족한 부분을 이야기하는 1~2퍼센트의 부정적인 댓글일까?

우리는 자신이 하는 생각의 힘을 과소평가한다.《미국국립과학원회보》에 발표된 한 논문에 따르면 "인간의 뇌 무게는 체중의 2퍼센트에 불과하지만 대사 부하의 20퍼센트를 차지하며 1그램당 에너지 소모량이 근육의 10배나 된다."[1] 인간의 정신은 근육보다 열배나 많은 에너지를 소비한다. 그만큼 뇌가 중요하기 때문이다.

부정적인 생각은 확실한 에너지 킬러다. 그리고 부정적인 생각에 삶의 활력을 빼앗기면 당신이 되고자 하는 훌륭한 인물이 될 수 없다.

부정적인 생각을 끝내는 두 가지 팁

부정적인 생각을 몰아내려면 끈질기게 노력해야 한다. 그런 생각이 조금이라도 남아 있으면 다음날 똑같은 생각을 반복할 확률이 95퍼센트나 되기 때문이다. 자, 이제 시작해 보자. 부정적인 생각에 맞서는 방법은 다양하지만 이 일을 간편하게 할 수 있도록 내가 가장 좋아하는 방법 두 가지를 소개한다.

- **고무줄 트릭**: 심리 치료사가 환자의 부정적인 생각을 멈추는 방법 중에 고무줄을 사용하는 간단한 방법이 있다. 손목에 고무줄을 차고 있다가 생각이 잘못된 길로 향하기 시작할 때마다 고무줄을 살짝 튕기는 것이다. 시간이 지나면 뇌가 새롭게 훈련된다.
- **SNS 감사 실시**: 현실을 직시하자. 우리가 느끼는 부정적인 감정 가운데 상당수는 SNS의 좋아요와 싫어요에서 비롯된다. 당신이 구독하는 이들을 모두 살펴보면서 '이 사람을 팔로우하는 것이 내게 진정으로 행복을 가져다주는지' 자문해 보자. 만약 답이 '아니오'라면 팔로우 취소 버튼을 누르는 게 낫다.

이 방법 가운데 하나를 선택해 오늘부터 시작하면 부정적인 생각을 몰아낼 수 있다.

부정적인 생각이 완전히 사라지는 일은 없을 것이다. 이는 우리의 뇌 구조 때문이다. 따라서 우리의 목표는 부정적인 생각이 떠오를 때 재빨리 알아차리고 이를 힘을 북돋아 주는 생각으로 의도적으로 대체하는 것이다. 이 방법을 자꾸 쓰다 보면 점점 잘하게 될 테고 곧 생각의 80퍼센트를 긍정적인 생각으로 채우게 될 것이다. 그런 삶이야말로 진정 추구할 가치가 있는 삶이다.

3. 나쁜 습관

술을 많이 마시거나 강박적으로 SNS를 확인하거나 밤늦게까지 깨어 있거나 감자칩을 계속 먹는 등의 나쁜 습관은 우리 에너지를 앗아 간다. 그것도 아주 빠르게.

우리는 바보가 아니므로 이런 습관 모두가 장기적으로 지속되지는 않는다는 것을 안다. 하지만 종종 이런 생활 방식에서 벗어날 계획을 세우기보다 그냥 안주해 버리기도 한다. 몸과 마음에 활력을 불어넣지도 자양분을 공급하지도 않는 일상의 리듬에 정착하는 것이다. 아침에 일어나 잠이 부족하다는 기분이 들면 커피를 끓여서 이를 해결한다. 그리고 차를 몰고 회사에 출근해서 퇴근 시간이 될 때까지 일한다. 그 후에 남는 시간은 자신을 편안하게 해 주는 것들로 채운다. 다음날이 되면 똑같은 일을 반복한다.

게다가 '나는 최선을 다하고 있다.'고 되뇌면서 부정적인 생각을 하는 다른 사람들을 안타까워 하기도 한다. 그러면 기분이 좋아지겠지만 효과는 일시적이다. 우리가 꿈꾸는 라이프스타일도 물론 가능하다. 하지만 그런 라이프스타일은 가장 일반적인 에너지 킬러인 불규칙한 수면, 부적절한 영양 섭취, 앉아서 보내는 시간 등과 충돌하는 일이 많다. 물론 각자 그런 나쁜 습관을 들이게 된 이유가 있다는 것은 안다. 하지만 나는 바로 이런 이들을 위해 '이유는 잊고 일상의 의식을 따르라'는 충고를 한다.

이유는 잊고 일상의 의식을 따르자

다들 나쁜 습관이 생기게 된 이유가 있다. 부모님이 우리를 제대로 가르치지 않았거나, 돈이 부족하거나, 직장에 다니기 싫거나, 너무 지쳤거나, 친구가 없거나, 친구가 너무 많거나, 삶이 만족스럽지 않거나, 선택지가 많거나, 선택지가 부족하거나, 너무 지루하거나, 너무 힘들거나 등 이유는 무수히 많다.

그중 가장 눈에 띄는 최악의 습관을 먼저 찾아서 없애야 하는데 이때 '의식'을 이용하는 것이 바람직하다. 의식이란 나쁜 습관이 생기게 된 이유를 더 나은 대안으로 바꾸어 쉽게 반복할 수 있는 루틴이다.

• 매일 잠자리에서 SNS를 계속 들여다보는 습관이 있다면 휴대폰

충전기를 방 밖으로 옮기고 침대에 휴대폰을 두지 않는다는 간
단한 규칙을 만들자.

- 물을 충분히 마시지 않는다면 휴대폰에 매 시간마다 알림 기능
을 설정한다.

- 체중이나 체력에 문제가 있다면 즐겁게 할 수 있는 프로그램을
찾아 작은 것부터 시작해 보자. 웨이트 트레이닝, 아침 산책, 자전
거 출퇴근 등 무엇이든 상관없다. 쉽고 재미있는 운동을 찾아서
루틴으로 만들자.

- 집 밖에 잘 나가지 않는 사람이라면 지금 1시간 정도 시간을 내
서 앞으로 3개월간 친구들과 함께할 수 있는 주간 활동 계획을
세워 보자.

이 책은 습관에 관한 책이 아니다. 습관이 어떻게 삶을 변화시킬
수 있는지 심도 있게 분석한 좋은 책이 많다. 사실 이 책을 다 읽은
뒤에는 제임스 클리어_{James Clear}의 《아주 작은 습관의 힘》 같은 책을
읽는 것을 강력히 추천한다.

나쁜 습관은 심각하면서도 확실한 에너지 킬러가 될 수 있다. 이
유가 뭘까? 습관은 목표를 달성하고 자신과의 약속을 지킬 수 있
게 해 주는 기반이 되는 단계다. 일례로 몸매 관리를 위한 목표를
세우고 일주일에 세 번씩 헬스장에 가기로 했다고 가정해 보자. 오
후 9시에 잠자리에 드는 습관을 들인다면 오전 5시에 일어나 헬스

장에 갔다가 출근해도 될 만큼 충분한 수면을 취할 수 있다. 따라서 이 습관은 목표에 도달할 때까지 당신을 끌어올려 주는 유용한 계단과도 같다.

반면 자정까지 계속 SNS를 들여다본다면 오전 5시에 일어나 헬스장에 가고 싶지 않을 것이다. 그리고 꾸준히 헬스장에 가지 않으면 운동해서 몸매를 가꾸겠다는 자신과의 약속을 어기게 된다.

자신과의 약속을 지키는 것은 자신감을 높이는 증거가 된다. "후안, 대단하다! 매일 아침 5시에 일어나 헬스장에 가다니. 정말 잘하고 있어!" 반대로 자신과의 약속을 어기면 그 증거가 파괴된다. "후안, 너 정말 게으르구나. 스스로 한 약속도 못 지키면서 어떻게 거래를 성사시킬 프레젠테이션을 할 수 있겠어?" 인생의 모든 것이 자신감을 높이거나 낮출 수 있으므로 자신에게 한 약속은 꼭 지켜야 한다. 그리고 이때 습관이 중요한 역할을 한다.

왜 에너지 킬러들은 제거하기 어려울까

지금까지 살펴본 세 가지 에너지 킬러는 대부분 제거할 수 있는 것들이다. 어질러진 방이나 SNS 중독을 원하는 사람은 없으니까 말이다. 하지만 다음 두 가지 에너지 킬러는 조금 더 까다롭다. 예를 들어 과로는 그냥 제거할 수 있는 대상이 아니다. 왜일까? 어쩌면 당신은 자기가 하는 일을 좋아할 수도 있다. 이 경우 일을 그만두는 것이 과로보다 나쁠 수도 있다. 그래서 다음의 두 가지 에너지 킬러에 대해 얘기할 때는 제거보다 '적절한 대처'에 중점을 둘 텐데, 이 기술은 나중에 설명하겠다.

4. 에너지를 앗아 가는 사람들

제3장에서 에너지를 빼앗는 사람과 충전하는 사람에 대해 이야기했다. 충전해 주는 사람은 에너지를 공급하고 앗아 가는 사람은 낮잠을 자고 싶게 한다. 일각에서는 이렇게 에너지를 빼앗는 이들을 가리켜 'EGR'Extra Grace Required이라고 부르는데, 이는 '특별한 은혜가 필요한 사람'이라는 뜻이다. 살면서 잘 풀린 일이 하나도 없었고 앞으로도 잘될 것 같지 않다. 그들은 항상 이런 불평을 늘어놓는다. 쓰레기 수거원이 쓰레기를 치워가지 않았고 배우자는 저녁 약속에 늦었고 오늘은 날씨가 화창하지만 이는 내일은 비가 온다는 식이다.

"당신은 가장 많은 시간을 함께 보내는 다섯 사람의 평균치다."라는 말을 들어보았을 것이다. 당신의 에너지가 그 다섯 사람의 에너지를 반영한다면 당신 삶은 어떤 모습일까?

제거하지 말고 적절히 대처하자

특정한 사람을 당신 인생에서 완전히 제거할 수는 없다. 이런 말을 들으면 당신 삶과 완전히 분리할 수 없는 가족이나 직장 동료, 기타 해로운 인물이 떠오를 것이다. 나도 그 마음을 십분 이해한다.

제거할 수 없다면 적절히 대처할 방법을 생각해야 한다. 살면서 완전히 피할 수 없는 사람이 있다면 그들을 대할 때의 팁을 몇 가지 알려 주겠다.

- 그 사람과의 교류를 줄인다.
- 대화 주제를 미리 정해 둔다.
- 새로운 환경을 택한다. 에너지를 빼앗는 사람을 평소와 다른 장소에 데려가면 달라진 모습을 보이는 경우도 있다.
- 일정 시간이 지나면 벗어날 계획을 세운다. 그 사람을 꼭 만나야 한다면 그 만남 직후에 다른 약속을 잡아 놓는다.

제러미는 에너지를 빼앗는 사람을 다루는 능력이 뛰어나다. 일례로 그는 어머니가 자신의 자녀들, 그러니까 어머니의 손주들과 함께 자주 시간을 보내게 하려고 애썼다. 하지만 어머니는 그의 가족관을 함께 공유하려고 하지 않았다. 그래서 그는 아이들을 위해 매일 밤 '함께 책 읽는 시간'을 마련했다. 할머니가 줌Zoom으로 영상 통화를 걸어 아이들에게 책을 읽어 주도록 함으로써 할머니와 손주들이 같이 시간을 보낼 수 있게 했다. 그러면서도 그는 주변 환경을 설정하고(줌 연결), 주제(읽어 줄 책)를 직접 고르고, 시간을 통제(책

읽기가 끝나자마자 "이제 잘 시간이다!"라고 말하며 잠자리에 들기)함으로써 자신이 모든 상황을 관리할 수 있게 했다.

당신의 주변에도 오늘부터 당장 멀어진다 하더라도 결코 아쉽지 않을 사람들이 있을 것이다. 다른 사람들과의 관계에 잘 대처하는 방법을 배우려면 창의력이 좀 필요하다. 하지만 조금만 적극적으로 생각해 보면 그들이 당신 에너지에 미치는 부정적인 영향을 제한할 방법이 있다.

당신의 에너지를 빼앗는 사람들 가운데 한 명을 선택해서 다음에 그를 만날 때 내가 알려준 '새로운 환경 선택, 탈출 계획 수립, 대화 주도권 장악'이라는 팁을 적용해 보자.

5. 스트레스와 번아웃

스트레스는 또 하나의 까다로운 문제다. 스트레스는 좋은 방향으로 작용할 수도 있기 때문에 실제로 유익한 스트레스를 가리키는 유스트레스eustress라는 용어도 있다. 진짜, 정말이다.

헬스장에 가면 무슨 일이 벌어질까? 근육이 스트레스를 받는다. 억지로라도 공부를 좀 더 오래 하려고 하면 어떻게 될까? 정신적으로 스트레스를 받는다. 하지만 이런 스트레스가 없다면 근육은 늘지 않고 정신도 예리해지지 않을 것이다. 모든 스트레스를 피하려고 하면 다들 약하고 무기력해질 것이다.

"유익한 스트레스는 긍정적인 결과와 관련이 있고 … 유스트레스는 고통과 다르게 불안이나 두려움보다는 설렘이나 도전적인 감정과 관련이 있다."[2] 새로운 일을 시작하거나, 활발한 토론에 참여하거나 어려운 시험을 준비할 때는 심박수가 높아지고 땀이 나거나 평소보다 긴장할 수 있다. 하지만 이는 본질적으로 부정적인 것이 아니라 현재의 한계를 뛰어넘는 과정일 뿐이다.

새로운 일을 하거나 다른 사람들 앞에 있을 때 긴장감을 느낀다는 사실을 자각하는가? 그런 긴장감은 성장이 필요한 부분이나 컴포트 존을 확장해야 하는 부분이 어디인지 알려 준다. 당신이 계속 컴포트 존 안에서만 살아갈 작정이었다면 지금 이 책을 읽고 있지도 않을 것이다. 이 책을 읽고 있다는 것은 당신이 지금 외적인 한계에 도달했다는 뜻이며 이는 당신이 무엇을 할 수 있고 해야 하는지 보여 준다.

문제는 스트레스 자체가 아니라 스트레스를 받는 사이사이에 휴식이 부족하다는 것이다. 우리는 운동을 할 때 24시간 내내 헬스장에서 사는 게 아니라 한 시간 정도 운동하고 난 뒤 휴식을 취한다. 그리고 가능하면 매일 운동하는 부위를 바꾸어 가면서 한다. 그러나 일상에서는 스트레스를 남용하며 중간에 잠깐씩 쉬거나 멈추는 일 없이 계속 삶에 스트레스를 쏟아붓는다. 그런 식으로 변화도 없고 간헐적인 축하도 없이 끊임없이 스트레스에 시달리는 것이다.

번아웃도 마찬가지다. 이 두 가지를 함께 언급하는 이유는 서로 성격은 달라도 해결책은 동일하기 때문이다. 스트레스와 번아웃은 공통점이 있는데 바로 둘 다 과유불급 상태에서 비롯된다는 것이다. 스트레스는 대부분 컴포트 존을 벗어날 정도로 자신을 몰아붙일 때 발생하고 번아웃은 일 때문에 발생한다.

우리는 "많은 돈을 벌 때까지 열심히 일하라."거나 "잠은 죽은 뒤에 자면 된다." 같은 말이 미덕으로 여겨지는 시대에 살고 있다. 그래서 자신의 능력을 훌쩍 뛰어넘는 수준까지 분투하면서 휴식 대신 에너지 드링크와 에스프레소를 택하고 결국 카페인 중독과 무분별한 스크롤링만 늘어난다. 인간이 놀라운 수행 능력과 스트레스 관리 능력, 생산력을 발휘할 수 있다는 사실을 알고 있지만 그러려면 충분한 휴식을 취해야 한다는 사실은 잊고 있다.

에드라는 동료는 밤늦게까지 외출했다가 출근하면서 자기는 매일 4시간만 자고도 능률적으로 일할 수 있다고 자랑하고는 했다. 그는 또 중간에 쉬는 날 없이 일주일에 네 번씩 크로스핏을 할 수 있다고 주장했다. 처음에는 그의 자랑에 유머와 여유가 섞여 있었다. 하지만 높은 연봉을 받던 직장을 그만두고 크로스핏도 중단하자 6개월 만에 체중이 13킬로그램이나 늘어 남들이 몰라볼 정도가 되었다. 즐겁게 지내면서 건강 관리도 하고 라이프 스타일도 유지하겠다는 좋은 의도에도 불구하고 그는 목표를 달성하기도 전에 번아웃 상태에 빠졌다.

정신 건강과 심리학 분야의 작가인 브래드 스털버그는 이렇게 썼다. "연구에 따르면 스트레스를 받은 뒤 충분한 휴식과 회복 기간을

거친 사람들은 더 강인해진 상태로 스트레스에 대응한다."[3] 에드의
라이프스타일은 개선에 기반을 두었지만 스트레스와 휴식의 균형
은 맞추지 못했다. 에드의 세계에서 휴식은 점심시간에 온라인 쇼
핑을 하거나 길고 힘든 하루를 보낸 뒤 음료수를 마시는 정도였다.
하지만 이런 활동은 모두 진정한 에너지 회복을 촉진하지 못했다.
그에게 필요한 것은 휴식, 진정한 회복이었다. 그렇다면 해결책은
무엇일까?

자신감을 키우려면 에너지가 있어야 한다. 그러려면 마지막에 살
펴본 두 가지 에너지 킬러를 제거해야 한다. 휴식은 아무것도 하지
않고 누워 있는 것이 아니다. 그러니 다음 휴일을 '아무것도 하지 않
으면서' 보내서는 안 된다. 회복에 정말 도움이 되는 일을 해야 한
다. 회복에 도움이 될 만한 일을 열 개 적은 다음 그중 몇 가지를 골
라서 다음 휴일에 실행해 보자.

다음 목록을 보면서 아이디어를 얻어도 좋겠다.

- 새로운 카페 가 보기
- 하이킹
- 낮잠
- 데이트
- 테니스 치기
- 배달 음식 먹으면서 영화 보기

- 독서

- 브라우니 굽기

- 친구들 만나기

- 햇볕 쬐며 누워 있기

- 보드게임

- 얼음 목욕(나만 좋아하나?)

설레는 일들로 일정표를 가득 채워라

자신감 사이클의 에너지 섹션을 마무리하면서 에너지가 얼마나 강력한 힘을 발휘하는지 다시 한번 떠올려 보자. 우리는 종종 더 많은 일을 할 수 있지만 '더 많이' 한다는 것 자체가 골치 아프게 느껴지기도 한다. 이렇게 의욕이 떨어지는 것은 능력이 없어서가 아니라 에너지가 부족하기 때문이다. 너무 열심히 일해서가 아니라 계속해 나갈 에너지가 충분치 않은 것이다. 목표를 달성하지 못하는 것이 아니라 목표 달성을 위한 에너지를 충분히 쏟지 못한 것이다. 부디 이 장이 에너지에 대해서 조금 더 생각하는 계기가 되었으면 한다.

월요일에 큰 목표를 세웠는데 화요일이 되니 갑자기 아이가 아프고 배우자는 기분이 상했고, 상사는 마구 화를 낸다. 커리어 목표를 달성하는 데 중요한 한 걸음이 될 프레젠테이션을 해야 하는데 '지

금은 자신이 없어. 이럴 때 목표를 달성하려면 자신감이 더 필요해'
라고 하면서 초조해하지 말라. '이런, 이번 주에 기대하던 일이 있었
는데…'라고 생각의 방향을 바꾸어 보자.

이때 기대할 만한 일이 떠오르지 않는다면 제3장을 다시 읽어 보
자. 용기를 내는 것만으로는 충분하지 않다. 주변 환경, 함께 어울리
는 사람들, 일정에 에너지를 불어넣어야 한다. 모든 것이 완벽하게
진행될 필요는 없지만 목표를 달성하려면 자기 삶을 살펴보았을
때 설렘이 느껴져야 한다.

〈월스트리트 저널〉 베스트셀러 목록에 오른 《시간 해방》의 저자
댄 마텔Dan Martell은 처리해야 할 힘든 일이 매우 많았다. 다음에 출간
할 책을 집필하고, 십여 개의 회사를 경영하고, 수백만 달러 규모의
거래를 처리하고, 콘퍼런스에서 연설하고, 임원을 채용해서 교육하
는 등의 일이 쉬지 않고 이어졌다. 그의 하루는 많은 주의를 쏟아야
하는 회의 일정으로 가득하다. 하지만 그의 일정표를 보면 이 모든
일에 필요한 에너지를 어디서 얻는지 쉽게 알 수 있다. 일정표는 날
마다 댄이 좋아하는 일들로 꽉 차 있다.

- 그림을 그리고 글을 쓰고 새로운 사업 아이디어를 구상하는, 창
  작열을 불태우는 아침 시간
- 매주 아내와 함께하는 저녁 데이트
- 두 아들과 웨이크 보드 타기

댄은 힘든 회의 중이나 사업 계약이 실패한 후 혹은 출판 계약이 틀어진 뒤에도 언제든 일정표만 훑어보면 그날 하루에 그림을 그릴 시간이 있다는 사실을 깨닫는다. 일주일 안에 아내와 데이트를 하고 한 달 안에 아이들과 웨이크 보드나 스키를 탈 수 있다.

사실 댄은 좋아하는 일을 하면서 동시에 스트레스가 심한 업무를 처리하는 경우가 많기 때문에 이 문제가 완전히 새로운 차원으로 바뀐다. 일례로 댄은 하이킹이나 운동을 하는 도중에 회의에 참석하는 것으로 알려져 있다. 좋아하는 일을 하려고 일이 끝날 때까지 기다리는 것이 아니라 일하는 동안에도 좋아하는 일을 하는 것이다. 이런 끊임없는 에너지가 새로운 자신감 사이클을 시작할 수 있는 불씨를 꾸준히 제공한다.

자, 당신에게 이번 주나 이번 달에 무엇을 기대하고 있느냐고 묻는다면 솔직히 뭐라고 대답하겠는가? 일정표에 좋아하는 일이 가득한가? 아니면 싫어하는 일이 가득한가? 이번 주에 있을 일이나 다른 이들과의 관계가 정말 기대되는가? 아니면 다가오는 '그 사람과의 만남'이나 해야 할 '그 일'이 두렵고 겁이 나는가?

자신의 책임을 다 포기하라는 말이 아니다. 사실 에너지가 늘어나면 비록 그것이 힘든 일이라도 주변 사람들이나 책임감 있는 어른으로서 해야 할 일에 더 적극적으로 참여할 수 있다. 하지만 다음의 질문을 떠올려 보자.

- 생활 속에 설레는 일이 많다면 자신감은 얼마나 커질까?
- 일정표에 싫어하는 일 대신 좋아하는 일만 가득하다면 성공할 가능성이 얼마나 높아질까?
- 매일 아침 그날 하루에 대한 기대감을 가득 품고 잠에서 깨어난다면 얼마나 생산적인 하루를 보낼 수 있을까?

에너지는 위와 같은 일들을 할 수 있으며 바로 그렇기 때문에 커다란 목표를 이룰 수 있는 것이다.

우리는 마이크로 에너지에 관해서 얘기하고 있다는 사실을 잊지 말자. 활용 가능한 방법을 한두 가지 찾아서 그 에너지를 얻자.

- 동기와 의지만 품은 채로 변화를 시도하는 이들이 매우 많다. 하지만 이는 일시적인 해결책일 뿐이다. 삶의 에너지를 잘 활용하면 자신감 사이클을 완전히 혁신할 수 있다.
- 에너지를 앗아 가는 다섯 가지 주요 요인은 다음과 같다.
  1. 해로운 주변 환경
  2. 부정적인 생각
  3. 나쁜 습관
  4. 에너지를 빼앗는 사람
  5. 스트레스와 번아웃
- 앞의 세 가지, 즉 해로운 주변 환경, 부정적인 생각, 나쁜 습관은 최대한 제거해야 한다.
- 나쁜 습관을 제거하는 방법 가운데 하나는 '이유는 잊고 일상의 의식을 따르는' 것이다. 이는 나쁜 루틴을 바람직한 루틴으로 대체하는 연습이다. 제거하고 싶은 행동 대신 꾸준히 되풀이할 수 있는 쉽고 재미있는 행동을 실천하는 것이다.
- 마지막 두 가지 에너지 킬러인 에너지를 빼앗는 사람과 스트레스와 번아웃은 보다 신중하게 다루어야 한다. 예컨대 삶에서 스트레스를 완전히 없애는 것은 불가능하고 그렇게 하고 싶지도 않을 것이다.
- 에너지를 빼앗는 사람을 잘 다루려면 '제거하지 말고 적절히 대처하는' 전략을 활용해야 한다. 상황과 주제, 타임라인을 통제해서 유해한 이들과의 상호 작용을 제한하는 방법을 적극적으로 고려하자. 탈출구를 마련해 두어야 한다는 것을 명심하자. 핵심은 적극적으로 행동하는 것이다. 유해하지만 반드시 교류해야 하는 이들에게 어떻게 대처할지 생각해 보자.

당신에게 큰 방해가 되는 에너지 킬러를 찾을 수 있는 간단한 3단계 과정을 소개한다.

1. 에너지 감사를 실시한다. 다섯 가지 에너지 킬러를 살펴보고, 그 에너지 킬러가 당신 삶에서 어떤 역할을 하는지에 따라 각각 1점에서 10점 사이의 점수를 매긴다. 1점은 해당 에너지 킬러가 당신에게 별다른 해를 미치지 않는다는 뜻이고 10점은 당신을 집중적으로 노리고 있다는 뜻이다.

2. 점수가 가장 높은 에너지 킬러를 찾는다. 지금 당신 에너지를 가장 많이 앗아 가는 에너지 킬러는 무엇인가?

3. 문제를 해결할 방법을 정한다. 앞에 설명한 유해한 환경, 부정적인 생각, 나쁜 습관이라는 세 가지 에너지 킬러에 대처할 때는 '이유는 잊고 일상의 의식을 따르는' 방법을 활용하는 것이 좋다. '제거하지 말고 적절히 대처하는' 방법을 이용하거나 자신만의 창의적인 해결책을 고안해야 한다. 중요한 것은 목표물을 찾은 다음 맞서 싸우는 것이다.

제3부

Micro-Courage

지금 당장 행동을 부르는 '마이크로 용기'의 힘

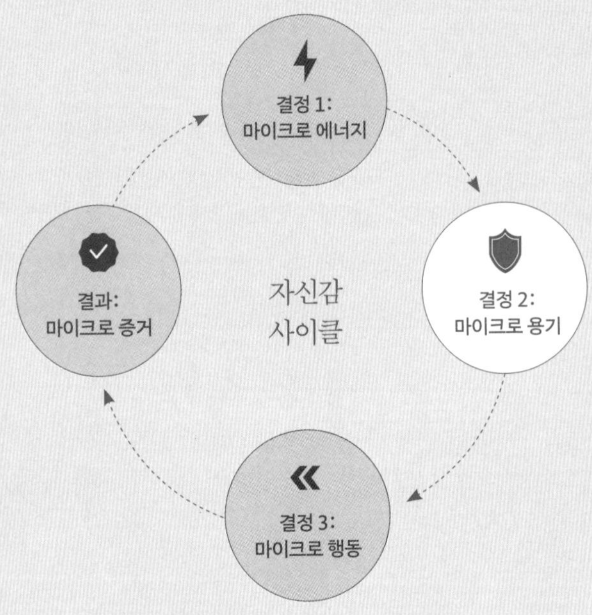

마이크로 용기

에너지와 행동을 연결하는 용감함

마이크로 용기

자신감 사이클은 깨끗한 방, 친한 친구와 만나 저녁을 먹는 시간, 러닝 크루 가입, 좋아하는 일을 하기 위한 일정 잡기 등 삶에서 에너지를 찾는 순간부터 시작된다. 기쁨을 안겨 주는 무언가를 기대하면 그 즉시 본인 삶에 대한 자신감이 높아진다.

거기서 멈출 수도 있지만 정말 되고자 하는 인물, 즉 뛰어난 작가나 자신이 설립한 회사의 CEO, 혹은 그저 사회적 불안을 덜 느끼는 사람이 되고 싶다는 소망이 있다면 더 많은 노력이 필요하다. 미래의 비전을 이루기 위한 마이크로 행동을 취해야 한다는 이야기다.

그러려면 에너지와 용기가 모두 필요하다. 무시무시한 맹수를 죽이는 그런 용기가 아니라 마이크로 행동을 완수할 마이크로 용기가 필요하다.

제5장과 제6장에서는 용기가 에너지와 행동을 연결하는 다리라는 사실을 알게 될 것이다.

머리로만 아는 사람 vs. 행동하는 사람

당신 안의 무언가가 "너는 화가가 아니야."라고 말한다면 바로 그때 그림을 그려야 한다… 그러면 그 목소리가 잠잠해질 것이다.

_ **빈센트 반 고흐**Vicent van Gogh, **화가**

당신은 항상 자신에게 이야기를 하고 있다. 지금은 유명해진 한 실험에서 심리학자 프리츠 하이더Fritz Heider와 마리안느 짐멜Marianne Simmel은 사람들에게 삼각형 두 개와 원 하나가 화면 위에서 이리저리 움직이는 애니메이션을 보여 주었다. 그리고 무엇을 보았는지 물었더니 거의 모든 사람이 엉뚱한 이야기를 지어냈다. 어떤 사람은 작은 삼각형이 남을 괴롭히는 큰 삼각형에게서 원을 보호하고 있다고 생각했다. 또 어떤 사람은 원은 곤경에 처한 여자를 상징하고 삼각형 둘이 그녀를 놓고 싸우고 있다고 생각했다. 심지어 큰 삼각형을 두 아이를 잡으려는 마녀로 해석한 사람도 있었다.

사실 이 도형들은 별 의미가 없다. 그냥 화면 위에서 움직이고 있을 뿐이다. 하지만 심리학자들은 모든 인간이 이야기와 깊이 연결되어 있다는 사실을 발견했다. "인간은 단순한 기하학적 도형 사이의 상호 작용을 보면서도 거기에 이야기를 부여하려는 성향이 강하다."[1] 다시 말해 우리는 원래부터 영웅이 대의를 위해 싸우는 이야기를 믿도록 설계되어 있다는 뜻이다.

우리들 대부분은 살면서 겪는 성공과 실패가 단순히 개별적인 사건들의 집합이 아니라는 사실을 잘 모른다. 설령 그렇다 하더라도 우리 마음은 그런 식으로 해석하지 않고 그것을 바탕으로 이야기를 만들어 낸다. 그리고 자칫 잘못하면 "네가 몇 번이나 실패했는지 봐. 넌 실패자야."라든가 "봐, 세상은 네게 불리하게 돌아가고 있어. 너는 특별한 존재가 아니야." 같은 이야기가 만들어질 것이다.

《뉴욕 타임스》 베스트셀러를 여러 권 쓴 작가 도널드 밀러_{Donald Miller}는 이런 철학에 기반해서 경력 후반부를 꾸려 갔다. 그는 수년간 다른 책을 쓰기 위한 조사 작업을 진행한 끝에 누구나 자기 이야기의 주인공이 되고자 하는 깊은 열망을 품고 있다는 결론을 내렸다. 이제 밀러는 《무기가 되는 스토리》에서 기업들에게 고객을 본인 이야기의 주인공으로 만드는 방법을 알려 준다.

내 말이 무슨 뜻인지 이해했기를 바란다. 당신의 뇌는 이야기를 찾고 있다. 그리고 당신이 적절한 이야기를 주지 않으면 뇌가 직접 이야기를 만들어 낼 것이다. 사실 이미 만들어 냈을지도 모르는 데… 그리 좋은 이야기는 아닐 것이다. 지금 당신의 머릿속에 있는 이야기는 '아이들을 키우느라 5년 전에 직장을 그만두었더니 이제 좋은 직장으로 돌아갈 방법이 없다'일 수도 있고 '마흔한 살인데 아직 미혼이다. 아무도 나와 결혼하고 싶어 하지 않는다' 또는 '퇴사하고 내 사업을 하고 싶은데 예전 상사가 파산한 것을 보니 마음이 흔들린다'일 수도 있다.

자신이 만든 이야기가 이런 식일 때는 자신감을 갖기 어렵다. 그렇다면 머릿속에 맴도는 생각을 억누를 수 있는 다른 이야기를 들려주는 건 어떨까?

당신의 단점을 재구성하라

1960년대에 슈퍼히어로 전쟁의 중심에 있었던 DC 코믹스는 스탠리Stan Lee라는 사람만 없었다면 최대 경쟁사였던 마블 코믹스와의 전쟁에서 승리했을지도 모른다. 만화는 그가 등장하기 전에도 오랫동안 인기를 누렸지만 오늘날 우리가 떠올리는 거의 모든 만화 캐릭터는 그의 아이디어에 영향을 받았다.

리 이전의 슈퍼히어로는 그냥 '특별한 능력을 갖춘 영웅'이었다. 어떤 독자들은 말 그대로 이 세상 것이 아닌 능력을 지닌 완벽한 캐릭터를 좋아했다. 하지만 리는 슈퍼히어로가 마냥 완벽해서는 안 된다고 생각했다. 독자들이 공감할 수 있게 그들도 고난과 위험을 겪어야 한다고 여긴 것이다. 편집자들은 리가 미쳤다고 생각했고 따라서 그의 아이디어 중 많은 부분이 발표되지 못할 뻔했다.[2] 결국 리와 그의 동료들은 '슈퍼히어로의 원형을 거스르는' 현실적인 문제를 겪고 있는 스파이더맨, 캡틴 아메리카, 아이언맨 같은 영웅들을 소개했다.[3] 흥미롭게도 오늘날 대부분의 사람들은 자기만의 약점을 지닌 슈퍼히어로를 슈퍼히어로의 원형으로 인식하고 있다.

리는 편집자들이 몰랐던 사실을 알고 있었다. 사람들은 영웅이 어려움을 겪고 극복하는 이야기를 좋아한다.[4] 스파이더맨이 가족과의 관계에 문제가 있던 소년이 아니었다면 그의 능력과 승리가 그렇게 놀랍지 않았을 것이다. 헐크가 자신의 분노를 다스릴 수 있었다면 자제력을 얻기 위한 그의 투쟁에 공감하지 못했을 것이다.

우리는 영웅이 원래부터 용감하거나 마법적인 재능이 있어서가 아니라 자기 내면의 악마와 싸우고 약점을 극복해서 이기는 것을 좋아한다. 그런 모습이 우리에게 희망을 준다. '그들이 자신의 악마를 이겨 낼 수 있다면 나도 내 악마를 이기고 잠재력을 발휘할 수 있을지도 모른다'는 생각이 드는 것이다.

마블 슈퍼히어로를 통해 결점이 많은 캐릭터를 등장시킨 리는 무심결에 우리가 그들의 모습 속에서 우리 자신을, 내 안의 영웅적인 역량을 발견할 수 있게 영감을 준 것이다. 우리는 위대한 일을 할 운명이라는 것을 알지만 머릿속의 목소리가 우리를 가로막는다. 사업을 시작하고, 멋진 몸매를 가꾸고, 근사한 우정을 쌓고 싶지만 내면의 비판이 우리를 그 자리에 멈춰 서게 만든다. 자기 의심에 사로잡혀 목표를 달성하지 못하는 이유는 우리가 위대한 사람이 될 운명이 아니라서가 아니라 꿈을 이루는 과정에 가로놓인 장애물을 극복할 능력이 없다고 믿기 때문이다.

우리는 슈퍼히어로에게는 (극복 가능한) 문제가 있기를 바라면서 정작 우리가 그런 어려움을 겪으면 자신을 실패자라고 낙인 찍는다. "고통은 나쁜 것이고 실패는 악이며 지면 나는 패배자가 된다."고 말한다. 이런 서사가 늘 머릿속에 맴돈다는 사실을 알고 있는가? 아마 모를 것이다. 하지만 자신에게 적극적으로 다른 이야기를 들려주지 않는다면 길을 잃을 때마다 '나는 패배자다'라는 생각이 자동으로 떠오를 것이다. 아래와 같은 일들은 자기 의심을 증폭시킨다.

- 프로젝트를 시작했는데 의욕을 잃었을 때
- 직장에서 해고당했을 때
- 가장 친한 친구가 당신의 연인을 못마땅하게 여길 때
- 농구 경기를 하다가 중요한 순간에 패스를 놓쳤을 때

시간이 지나면서 이런 생각들이 내면화되면 자신이 실패자라는 생각이 굳어지는 듯하다. 하지만 놀라운 점이 하나 있다. 우리는 로

키가 적에게 몇 번씩 져도 다음 싸움에서는 이기기만을 바란다. 피터 파커(스파이더맨의 본명—옮긴이)가 가족 문제로 어려움을 겪어도 그가 완전한 패배자라고는 생각하지 않는다. 아이언맨이 때때로 자아도취에 빠져도 그를 미워하지 않는다. 캡틴 아메리카가 옛 연인인 페기 카터와 이어지지 못하는 구제 불능의 로맨티시스트라도 그에게 화를 내지 않는다. DC 팬들의 경우 슈퍼맨이 크립토나이트에 취약하다거나 배트맨이 진정한 슈퍼히어로가 아니라는 이유로 분노하지 않는다.

무슨 말인지 알겠는가? 우리는 자신에게 슈퍼히어로보다 높은 기준을 요구하고 있다. 정말 말도 안 되는 일 아닌가? '나는 일을 망친 실패자야. 그리고 실패자는 항상 일을 망치지'라고 생각하면서 동시에 자기가 좋아하는 슈퍼히어로는 약점과 결핍, 허술한 부분이 있어도 반드시 장애물을 극복할 것이라고 믿다니 참으로 아이러니하다.

가공의 슈퍼히어로가 마음에 와닿지 않는다면 실제 영웅들의 실패 사례를 살펴보자.

월트 디즈니: 1919년에 편집자에게 "상상력이 부족하고 좋은 아이디어가 없다."는 평을 들었다. 그리고 애니메이션 아이디어가 정상이 아니라는 이유로 은행가들에게 300번 넘게 대출을 거절당했다.

오프라 윈프리: 1954년생인 오프라는 젊을 때 흑인 여성이라는 이유로 많은 고난과 거부를 이겨 내야 했다. 마침내 볼티모어 WJZ-TV의 공동 앵커가 되었지만 꿈에 그리던 이 직장에서 해고당했다. 그녀는 결국 자신의 이름을 건 프로그램을 만들겠다고 결심했고 지금은 자수성가한 억만장자가 되었다.

야니스 아데토쿤보 Giannis Antetokounmpo: 나이지리아 출신 이민자 부모에게서 태어나 무국적자로 자란 아데토쿤보는 현재 NBA에서 활약하는 세 형제 중 한 명이다. 야니스의 부모는 그가 태어나기 전에 아프리카에서 미국으로 이주했다. 적절한 서류 절차를 밟지 않았던 그들은 한 스카우트가 우연히 야니스와 그의 형제들을 만나기 전까지 안정적인 일자리도 찾지 못했다. 스카우트는 야니스의 부모에게 만약 자녀들을 훈련시킬 수 있게 허락해 주면 더 나은 직업을 구해 주겠다고 제안했다. 부모는 제안을 받아들였다. 오늘날 야니스는 26세 전에 MVP를 두 번이나 수상한 세 명의 농구 선수 중 한 명이다. 다른 두 명은 르브론 제임스와 카림 압둘 자바다.[5]

스티븐 킹: 《샤이닝》의 저자인 그는 1970년대에 트레일러에 살면서 고장 난 뷰익을 몰고 주유소 직원으로 일했다. 당시 그는 첫 소설 《캐리》를 집필하고 있었는데 이 책은 출판사 30군데서 거절당했다. 킹은 소설가가 되겠다는 꿈을 접고 지금의 삶을 받아들여야

겠다는 생각도 여러 번 했지만 그래도 계속 나아갔다. 현재 그는 소설 61권을 출간하고 수많은 상을 받았다. 《뉴욕 타임스》베스트셀러 목록에는 그의 작품이 30편 이상 포함되어 있다.

제프 베이조스: 2015년 여름, 제프 베이조스는 아마존 파이어폰Fire Phone으로 아이폰과 대결할 준비를 마쳤다. 이 휴대폰 가격은 원래 199달러였지만 판매가 부진해 곧 1달러에 판매되었다. 《포춘》은 "아마존의 파이어폰 실패는 이 온라인 소매 대기업에 큰 타격이 될 것."이라고 공언했다.[6] 제품 실패 문제를 다룬 《패스트 컴퍼니》의 기사는 "도대체 무슨 일이 일어난 것인가?"라는 질문으로 시작되었다.[7] 《와이어드》는 별로 놀란 기색도 없이 "아마존 파이어폰은 반드시 실패할 운명이었다."라는 제목의 기사를 실었다.

베이조스가 인터뷰에서 했던 말 때문에 마지막 기사 제목이 특히 마음에 와닿는다. "그것이 큰 실패라고 생각한다면 우리는 지금 훨씬 더 큰 실패를 준비하고 있다."[8]

당신이 무슨 생각을 하는지 안다. '그래, 엄청난 성공을 거둔 사람들은 그래도 다 괜찮겠지. 그들은 이미 자신감이 넘치니까. 하지만 나는 실패할까 봐 너무 무섭다고!'

물론 맞는 말이다. 하지만 한 가지 지적하고 싶은 게 있는데, 그들이 실패했다면 당신도 분명히 실패할 것이다.

다시 한번 말하는데, 당신은 분명 실패할 것이다.

슈퍼히어로가 실패했다면 당신도 실패할 것이다.

슈퍼맨이 크립토나이트에 취약하다면 당신도 크립토나이트에 취약할 것이다.

제프 베이조스가 재정적으로 잘못된 결정을 내렸다면 당신도 잘못된 재정적 결정을 내릴 것이다.

사람들이 오프라 윈프리를 나쁘게 대우했다면 그들은 당신도 나쁘게 대우할 것이다.

와, 후안. 격려의 말 고마워요.

내 말은 나나 당신, 오프라 윈프리 그리고 지구상의 모든 사람이 '실패를 겪었고 앞으로도 실패할 것'이라는 사실은 바꿀 수 없다는 뜻이다. 아주 많이 실패할 것이다. 심지어 종교의 세계에서조차 신들이 실패한 이야기가 많이 나온다. 사실 실패는 없어지기를 바라거나 묻어버릴 수 있는 삶의 하찮은 부분이 아니다. 인간이 처한 상황 자체가 실패의 이야기다. 그리고 사실 실패를 피하려는 것은 끔찍한 생각이다. 이를 뒷받침하는 과학적 근거도 있다.

켈로그 경영 대학원에서 오랫동안 성공적인 연구를 수행해 온 과학자들을 대상으로 연구를 진행했다. 그 결과 초반에 실패를 겪어본 전문가일수록 나중에 성공할 가능성이 더 높다는 사실을 알아냈다.[9]

무슨 말인지 이해했는가? 인스타그램에 올렸을 때 주목을 받을 수 있도록 간략하게 정리해 보겠다. 아마 연구 결과를 알려 주기 전까지는 모두 이에 동의하지 않을 것이다.

실패 = 성공

연구진은 테러리스트라는 특이한 집단의 데이터를 사용해서 이 연구 결과를 검증하기로 했다. 무슨 생각하는지 안다. 내가 보기에도 이상하다! 연구진은 실패에 관한 자신들의 연구 결과를 바탕으로 17만 건 이상의 테러 공격을 분석한 결과 초반에 실패했던 테러리스트들이 나중에 성공했다는 것을 발견했다. 그들은 또 성공한 벤처 캐피털리스트들의 데이터도 살펴보았는데 결과는 같았다. 초반에 실패한 사람들이 나중에 성공할 가능성이 훨씬 높았다. 여기서 얻을 수 있는 교훈은 무엇일까? 수석 연구원 양 왕은 "모든 승자는 처음에 패자로 시작했다."고 말한다.[10]

자, 다시 정리해 보자.

1. 당신은 실패할 것이다.
2. 하지만 괜찮다. 실패는 성공으로 향하는 길이기 때문이다.

그렇다면 이것이 자신감과 어떤 관련이 있을까?

실패가 당신을 실패자로 만든다고 생각한다면 자신감을 키우기가 매우 어려울 것이다. 실패를 겪어도 자신을 실패자라고 생각하지 말고 "나는 실패했어. 그래도 괜찮아! 성공에 한 걸음 더 가까워졌으니까."라고 말하면서 이야기를 다른 쪽으로 재구성해야 한다. 토머스 에디슨의 말처럼 "나는 1만 번 실패한 것이 아니라 작동하지 않을 1만 가지 방법을 찾아내는 데 성공한 것이다."[11] 가장 용감한 사람은 엄청난 용기를 타고난 사람이 아니라 실패도 과정의 일부라는 사실을 이해하는 사람이다.

이렇게 생각해 보자. 내가 컵 10개 가운데 하나 아래에 100달러짜리 지폐를 숨겨 놓고 그것을 찾을 기회가 10번 있다고 말했다. 그렇다면 아홉 번 시도한 후에도 찾지 못하면 실망할까? 물론 아닐 것이다. 오히려 실패할수록 다음에는 성공할 가능성이 높다는 것을 알기에 설렐 것이다. 현실에서는 자신이 몇 번이나 실패할지 모른다. 열 번, 백 번, 혹은 수백 번일 수도 있다. 하지만 실패할 때마다 성공에 더 가까워졌다고 자신에게 말할 수 있다. 그것이 '사실'이기에 그렇게 말할 수 있는 것이다.

실패의 재구성은 용기를 잃지 않는 데 매우 중요하다. 그리고 용기는 자신감을 키울 때 에너지와 행동을 연결하는 다리 역할을 하기 때문에 필요하다는 사실을 기억하자. 그렇다면 구체적으로 어떻게 해야 할까?

'전부' 아니면 '전무'라는 함정

자, 분명하게 얘기하는데 자신에게 참가상을 주면서 실패가 성공인 척하라는 말이 아니다. 실패했을 때 성공한 척하는 태도는 자신감을 높이는 데 아무런 도움도 되지 않는다. 오히려 인생의 현실을 감당하지 못하게 될 뿐이다.

세계에서 가장 강인한 부대 중 하나인 미 해군 특수부대 네이비 실에서는 최근 어려운 훈련 프로그램의 특정 단계를 통과하는 병사들의 비율이 급감했다. 무슨 문제가 있는 것일까? 네이비 실에서 군사 조사 보고서를 의뢰한 결과 다음과 같은 사실이 밝혀졌다.

새로운 세대(Z세대)는 지금까지 네이비 실 훈련에 참가한 이들 가운데 최고 수준의 체력을 보유하고 있었다. 하지만 정신적인 강인함은 부족했다. 그래서 상황이 힘들어지면 금방 포기했고 그 결과 특정 단계를 통과하지 못했다.[12]

마찬가지로 하버드 대학교에서도 실패를 경험해 보지 않은 학생을 원치 않는다. 실패, 실망, 거부, 과오 인정 같은 일들을 겪어야 더 강해질 수 있다. 실패를 통해 배우고 다시 시도해야 한다.

최근 몇 년 사이에 우리는 이상한 극단주의에 빠진 것 같다. 결코 충분하지 않을 수도 있고 항상 충분할 수도 있다는 것이다. 일주일에 다섯 번씩 헬스장에 가야 운동 목표를 달성할 수 있는 경우 일주일에 다섯 번씩 가지 않을 예정이라면 아예 가지 않는 편이 나을까? 전업주부라면 자녀들이 TV를 시청하지 못하게 해야지, 그렇지 않으면 아이들 두뇌 발달에 악영향을 미칠 것이다. 그런데 일단 아이들이 TV를 보기 시작했다면 … 저녁 먹을 때도 보고, 디저트 먹을 때도 보고, 차를 타러 가는 길에도 TV를 보려고 할 것이다.

우리는 금메달을 따지 못할 바에는 차라리 우승이 아무 의미도 없는 척을 한다. 그 결과 어떤 부분에서는 미친 완벽주의자가 되고 어떤 부분에서는 그냥 포기해 버린다. 그렇게 극단적으로 행동하지 말고 '지금 중요한 목표를 향해 나아가는 중이기는 하지만 아직 거기까지 도달하지 못했다'는 사실을 인정하면 어떨까?

결점을 재구성할 때 그랬듯이 '아직'이라는 단어를 사용하면 머릿속에서 계속 맴도는 우리의 용기를 북돋거나 짓밟는 이야기를 바꿀 수 있다.

- "아직 원하는 만큼 체중을 줄이지 못했어."
- "아직 배우자와 매주 데이트한다는 목표를 이루지 못했어."
- "아직 그 나쁜 습관을 버리지 못했어."
- "아직 원하던 직급으로 승진하지 못했어."
- "아직 베스트셀러 소설을 쓰지 못했어."

아직이라는 간단한 단어가 자신감 사이클에서 궤도를 이탈해 실패하느냐 아니면 사이클을 끝까지 완료해 대혁신을 이루느냐의 차이를 만든다. 이왕 혁신 이야기가 나온 김에 다음 사례를 살펴보자.

후퇴한다고 전쟁에서 지는 것은 아니다

조지 워싱턴은 1775년에 미국군 총사령관으로 임명되었다. 당시 워싱턴은 미국에서 군사 경험이 가장 많은 사람이었지만 좋은 경험은 아니었다. 그는 1754년에 실수로 프렌치 인디언 전쟁을 일으켰고 자신의 실수로 시작된 그 전쟁의 주요 전투에서 대부분 패했다. 그러니 1758년에 원래의 군사 직책을 사임한 것도 당연한 일이었을 것이다.[13]

하지만 곧 미국 의회를 구성하게 될 사람들이 (아마 워싱턴이 무급으로 일할 의향이 있었기 때문이겠지만) 갑자기 워싱턴에게 신뢰를 보이면서 세계 역사상 가장 강력한 군사력을 보유한 영국과 전쟁을 시작했다. 전쟁 첫해인 1776년에는 모두가 예상하는 모습대로 일이 진행되었다. 대부분 무급이었던 농민 병사들이 더 많은 총과 탄약, 경험을 갖춘 직업 군인들과 맞서 싸웠다. 한마디로, 워싱턴이 이끄는 미국군은 혼쭐이 났다.

워싱턴은 뉴욕에 있는 여러 개의 요새를 사수하느라 1776년을 거의 다 보냈다. 요새들이 하나둘씩 영국군에게 함락되자 워싱턴은 남은 병력을 살리려고 한 번, 두 번, 세 번이나 후퇴했다. 사실상 북미 최고의 육상 스타들을 훈련시킨 셈이다. 그들은 붉은색 군복을 입은 영국군이 보이면 반대 방향으로 냅다 달려가 결국 펜실베이니아까지 도망갔다.

마침내 무언가를 해야 할 때라고 결심한 워싱턴은 크리스마스에 미국군을 이끌고 델라웨어강을 건너 지금까지 피해 다녔던 적을 공격했다. 워싱턴은 이전의 실패 때문에 계속 실패자로 남는 것을 용납하지 않았다. 자신과 군대를 위해 이야기를 장악하고 승리를 거두기로 결심했다.

"나는 이기지 않았어, 아직까지는."이라는 식으로 이야기를 재구성한 것은 그가 '선택'한 일이다. 만약 워싱턴이 기존의 실패 때문에 자신을 실패자로 여겼다면 기본적으로 자신감 사이클을 완료하지 못하는 것은 물론이고 어떤 의미에서는 미국 독립 혁명 전체를 망쳤을 것이다.

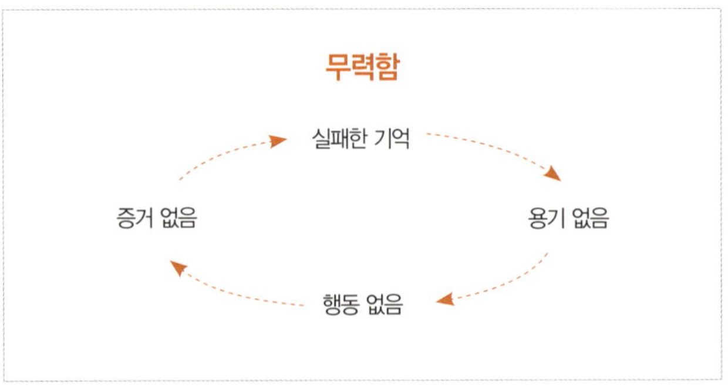

우리 자신의 이야기를 장악하면 실패도 우리를 방해하지 못한다.

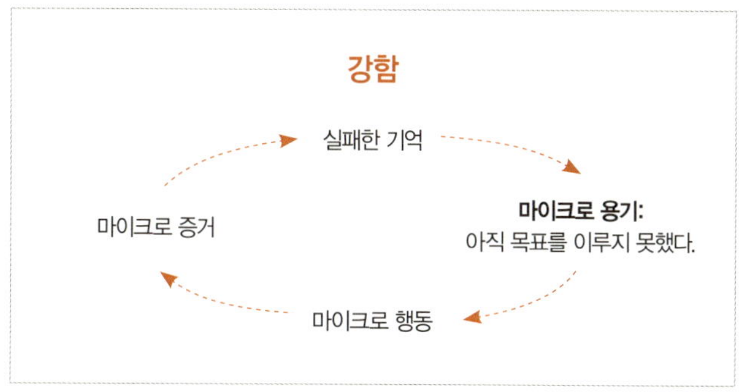

나는 왜 상어들과 함께 다이빙을 했을까?

작년에 아내 개비와 함께 하와이에 갔는데 아내는 오픈 워터 상어 다이빙을 하고 싶어 했다. 나는 당연히 "왜 그런 걸 해야 하는 거야?"라고 물었다. 하지만 아내는 이미 예약을 해 놓은 상태였고 환불은 불가능했다.

예약 당일에 우리는 호놀룰루에서 오아후섬 반대편의 노스쇼어까지 두 시간을 이동했다. 정박지에 도착하자 1990년대에 제작된 어선 옆에서 요가를 하는 20대 네 명이 보였다. 그들에게 다가가 "딥 블루 에코 투어인가요?"라고 물었더니 "네, 맞아요."라고 대답했다. 아, 이런.

그래서 우리는 호주 관광객 세 명과 다이빙 팀과 함께 낡은 어선에 올라탔다. 우리 계획은 해안에서 5킬로미터 떨어진 부표로 가서 게잡이 배의 움직임을 흉내 내 상어를 유인하는 것이었다. 그 모습을 보고 식사 시간이라고 착각한 상어들이 모이면 심해 철학자들로 구성된 요가팀의 안내를 받아 모두 물속으로 뛰어들라고 했다. 나는 이 모든 계획이 끔찍하게 느껴졌다.

물결이 1.8~2미터 높이까지 치솟아서 개비와 나는 머리부터 발끝까지 흠뻑 젖었다. 부표에 가까워지자 다이빙 강사가 성공하기 위한 세 가지 규칙을 알려 주었다.

- 규칙 1: 물에 들어갈 준비가 되어도 함부로 뛰어들어서는 안 된다. 상어 먹이처럼 보일 테니까. 그냥 미끄러지듯 들어가야 한다. 물에 뛰어드는 것과 미끄러지듯 들어가는 것의 차이를 정확히 이해하지는 못했지만 그래도 여기까지는 괜찮았다.
- 규칙 2: 상어와 계속 눈을 마주친 상태를 유지해야 한다. 하지만 상어는 머리 양쪽에 눈이 있지 않나? 게다가 나는 고글을 쓰고 있는데 대체 어떻게 하라는 건지.
- 규칙 3: 물속에 있을 때 상어의 위나 아래, 뒤, 옆, 바로 앞에서 수영하면 안 된다. 전부 다 안 된다면 대체 어디서 헤엄을 치라는 말일까?

물론 '규칙 0: 상어가 있는 물속에 절대 들어가지 마라'를 지킨다면 규칙 1부터 3까지 모두 피할 수 있을 것 같았다. 하지만 내가 뭘 알겠는가? 나는 요가도 안 하는데 말이다.

최상위 포식자와 함께 다이빙할 때 안전하다고 느낄 수 있는 세 가지 방법을 배우는 동안 사진작가에게 몸을 기울여 "혹시 사고가 난 적이 있나요?"라고 물었다. 그는 머뭇거리지 않고 바로 "우리는 기록이 꽤 좋습니다."라고 대답했다. 음, 오늘 하루도 꽤 순조롭게 흘러갔으면 좋겠다고 생각했다.

선장은 게잡이 배의 움직임을 흉내 내 배를 앞뒤로 움직여 거친 물살을 일으켜서 상어 떼에게 먹이 먹을 시간이라는 신호를 보냈다. 곧 열 마리가 넘는 상어들이 주위를 맴돌면서 꼬리로 배 옆면을 마구 때렸다.

물속으로 뛰어들 준비, 아니, 미끄러지듯 들어갈 준비를 하면서 머릿속으로 세 가지 규칙을 계속 되뇌었다. 그리고 매우 침착해 보이는 개비에게 "좋아, 여보, 먼저 해."라고 말했다. 그러자 개비가 나를 보면서 단호하게 말했다. "당신도 해야 해. 당신은 자신감으로 먹고 사는 사람이잖아, 기억하지?"

나는 상어 신에게 기도를 올리고 물속으로 들어갔다. 고글을 쓰자 상어 수십 마리가 나를 에워싸고 있는 것이 보였다. 어떤 상어는 1.5미터 아래에 있고 어떤 상어는 7.5미터 아래에 있어서 불길한 실루엣만 겨우 보였다. 곧 개비와 호주인 세 명도 합류했다. 나는 15초마다 한 번씩 고개를 돌려 개비가 안전한지 내가 혼자 죽는 일은 없을지 확인했다.

45분이 흘렀는데 갑자기 개비가 보이지 않았다. 개비를 놓친 것이다. 뒤돌아보니 상어와 푸른 바다뿐이었다. 수면으로 올라왔지만 바람이 거세고 파도가 너무 높아 배도 보이지 않았다. 공포감에 심장이 마구 뛰었다. 고글을 벗고 배를 찾으려고 애썼다. 몇 분 뒤 파도가 잦아들자 개비와 다른 사람들이 배 안에 안전하게 있는 것이 보였다. 다들 나를 두고 가버린 것이다. 나도 마침내 배로 헤엄쳐 돌아왔다. 다행히 팔다리는 다 멀쩡했다.

다른 사람들 눈에는 상어가 정말 멋지고 파도도 아름다웠을 것이다. 그리고 아마 다들 내가 허둥대는 모습을 보고 박장대소했을 것이다. 하지만 내게 가장 흥미로웠던 점은 이 모든 경험이 자신감에 대해 가르쳐 준 내용이었다.

물론 내가 빛나는 갑옷을 입은 기사처럼 행동하지 못한 것은 사실이다. 솔직히 상어를 보고 있는 내내 긴장했다. 하지만 지금 이 이야기를 어떻게 끌고 갈지는 내가 결정하는 것이다. 다른 한편으로는 내가 아무것도 하지 않았을 때 내 머리에서 습관처럼 떠오르던 그 뻔한 이야기를 반복할 수도 있겠지만 말이다.

후안은 겁을 먹었다. → 후안은 겁이 많은 사람이다. → 후안은 용

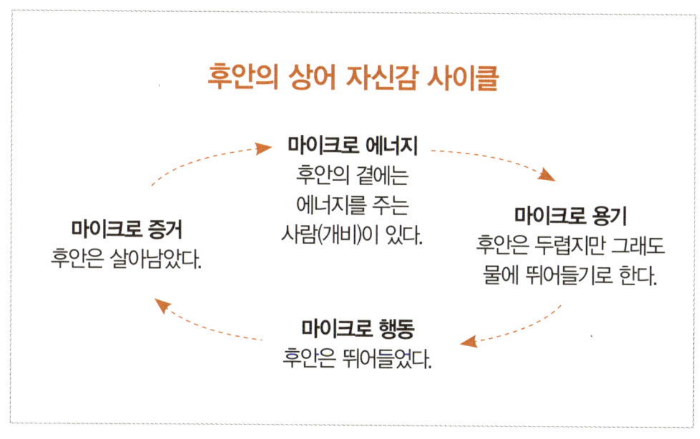

기가 없다.

아니면 완전히 다른 이야기를 할 수도 있는데, 이것 또한 사실이다.

후안은 상어가 있는 물에 뛰어들었다. → 무서웠지만 어쨌든 뛰어들었다. → 후안은 정말 대단한 사람이다.

어떻게 이야기하느냐에 따라 나에 대한 자신감이 얼마나 달라질 수 있는지 알겠는가? 행동 및 증거와 관련된 자신감 사이클의 다음 두 단계에 대해서는 아직 자세히 다루지 않았지만 이미 모든 것이 함께 작동하기 시작하는 모습을 볼 수 있다.

내가 두려움을 느꼈을까? 물론이다. 조지 워싱턴이 실수를 저질렀을까? 물론이다. 슈퍼히어로에게도 단점이 있을까? 물론이다. 영웅은 실수를 저지르지 않거나 두려움이 없는 존재가 아니다. 그들은 이야기를 장악해 올바르게 전달하는 이들이다.

2단계: 모든 실패에 '아직'이라는 단어를 추가한다. 표현은 조금씩 다를 수 있다. '아직 돈 관리가 서툴러서 파산했다', '아직 담배를 끊지 못했다', '아직 말투를 조절하는 법을 익히지 못했다'.

3단계: 목록을 욕실 거울에 붙인다. 스스로 믿을 때까지 매일 아침 양치질을 하면서 이 말을 되뇌자. 적어도 생각이라도 해야 한다.

다음에 또 자신이 실패자라는 생각이 들거나 무언가를 할 수 없거나 문제를 극복할 수 없는 상황에 처한다면 '아직'이라는 말을 덧붙이자.

제6장

두려움을 잠재우고 단단한 마음으로

용기는 모든 미덕 중에서 가장 중요하다. 용기가 없으면 다른 미덕을
꾸준히 실천할 수 없기 때문이다.

_ 마야 안젤루 Maya Angelou**, 미국의 시인, 배우, 작가**

2010년, 고등학교 2학년 때의 일이다. 당시 나는 세상에서 가장 자
신감이 없는 사람 중 하나였다. 게다가 뚱뚱했다. 짝사랑하는 브리
트니를 매일 학교 복도에서 만났지만 한마디도 하지 못했다. 브리
트니는 나를 전혀 신경 쓰지 않았고 나도 브리트니가 내게 신경 쓰
는 것을 원치 않았다.

그때는 등교하기 전에 좋아하는 드라이브스루 카페에 들르고는
했다. 어느 날 아침 차를 세우고 평소처럼 주문하려는데 스피커에
서 새로운 직원의 익숙한 목소리가 들렸다.

"어서 오세요! 뭘 드릴까요?"

나는 그대로 얼어붙었다. 브리트니였다. 혼자 머릿속에서 온갖 상상을 했다. 그러다가 브리트니가 똑같은 질문을 반복하자 속이 울렁거렸다.

"여보세요? 뭘 드릴까요?"

무슨 말을 해야 할지 알 수 없었다. 아무 말도 나오지 않았다. 마침내 웅얼거리는 말투로 아무 음료나 주문한 뒤 천천히 픽업 지점을 향해 차를 몰았다. 브리트니가 거기에서 나를 기다리고 있었다.

"어머! 안녕, 후안!"

또 한 번 충격을 받았다. 브리트니가 내 이름을 안다고? 토하고 싶은 기분이 기쁨에서 오는지 긴장감에서 오는 것인지 알 수 없었다. 간신히 "응!"이라고 대답하면서 기묘한 각도로 고개를 끄덕였다. 차에 앉아 음료를 기다리며 말을 잇지 못하는 내 모습이 너무 창피했다. 브리트니는 음료를 건네주면서 아주 다정한 목소리로 "좋은 하루 보내!"라고 말했다. 이때 내가 뭐라고 대답했을까?

"어어… 그럴게."

나는 완전히 바보가 된 기분으로 차를 몰고 떠났다. 어찌 되었든 브리트니는 내 이름을 알고 있었다. 그래서 나름 사리에 맞는 길을 택했다. 같은 카페에 취직한 것이다.

함께 일한 첫 주말 근무 때 마침내 브리트니와 가벼운 잡담을 나누기 시작했다. 이야기를 나누면서 음료를 블렌딩했는데 실수를 하고 말았다. 뚜껑을 닫지 않고 블렌더의 '시작' 버튼을 누르는 바람에 달콤한 음료 믹스가 솟구쳐 올라 나와 브리트니 그리고 카운터 건너편에 서 있던 손님의 몸을 흠뻑 적셨다. 나는 그 자리에서 해고당했다.

하지만 브리트니와 제대로 된 대화를 나누다니, 뭐, 결혼한 셈이나 마찬가지 아닌가. 그러니까 다음에 할 일은 당연히 데이트 신청이었고 브리트니는 실제로 데이트 신청을 받아 주었다. 미래의 아내와 드디어 데이트를 하다니 믿어지지 않았다. 그녀 옆에서 걷고 있으니 마치 구름 위에 떠 있는 듯 행복했다. 하지만 브리트니는 그 누구도 듣고 싶어 하지 않는 네 마디로 나를 찼다.

"우리 좋은 친구로 지내자."

거절당하는 것, 퇴짜 맞는 것은 정말 끔찍한 일이다. 거절이 끔찍하다는 사실을 우리가 아는 이유는 다들 경험한 적이 있기 때문이다. 당신이 실수로 스무디 화산 폭발을 겪어본 적은 없기를 바라지만 아마 당신도 거절당한 경험이 있을 것이다. 좋아하는 사람이나 친구, 학교, 고객, 심지어 가족에게서 말이다.

제5장에서 더 용감해지는 법에 대해 이야기했다. 그러니까 자신의 이야기를 바꾸어 주인공이 된 다음 실패할 경우 "아직 목표를 이루지 못한 것뿐."이라고 스스로에게 말하는 것이다. 이런 말은 자신감 사이클의 다음 단계인 행동으로 나아갈 용기를 지닌 사람으로

진화하는 데 도움이 된다.

잠깐 복습해 보자. 에너지는 지금 당신의 미래에 대한 기대감을 불러일으키는 불꽃이다. 에너지는 용기를 내 몇 걸음 내딛으면서 행동으로 향하는 다리를 건널 수 있게 도와준다. 훌륭한 고전 영화를 한 편 떠올려 보자.

〈프린세스 브라이드〉의 주인공 웨슬리는 주요 장면마다 무언가와 맞서 싸운다. 장어가 우글거리는 바다를 건너고 가파른 암벽을 오르고 이니고를 물리치고 페직과 싸우고 비지니를 속이고 불의 늪을 통과하고 고문실에서 탈출하고 왕자에게 엄포를 놓는다. 그는 공주를 되찾기 위한 대규모 전투를 벌이는 여정 속에서 계속해서 아주 작은 전투를 치른다.

자신감을 키우는 여정도 이와 비슷하다. 주인공인 당신은 자신감을 되찾으려고 노력하는 중이다. 에너지 킬러들을 물리치고 실패 경험을 재구성했으니 이제 다음 상대와 싸워야 할 차례다. 에너지에서 행동으로 이어지는 다리를 건너는 순간 세 명의 상대가 나타나 당신이 겁에 질려 돌아가게 한다.

하지만 그들 역시 물리칠 수 있다. 이들은 자신감을 키우는 데 방해가 되는 세 가지 주요 두려움을 상징하는데, 이 장에서 하나씩 소개할 것이다. 아니, 다시 소개한다고 말하는 편이 타당할 듯하다. 다들 이미 만나 보았을 테니 말이다.

용감한 사람은 두려움과 더 많은 시간을 보낸다

페퍼다인 대학교에서 진행한 한 연구에 따르면 두려움과 용기는 동시에 존재할 수 있다.[1] 결과가 충분히 납득이 가서 '역시 그렇군'이라고 생각하는 사람도 있을 테고 아니면 나처럼 '말도 안 된다'라고 생각할지도 모르겠다.

앞서 살펴본 몇 가지 이야기로 돌아가 보겠다. 제1장의 에드 시런을 떠올려 보자. 어떤 이들은 그가 사회불안장애를 앓는다고도 했지만 그는 수천 명 앞에서 공연하는 음악계의 인기 스타다.

이전 장에서 내가 상어와 마주쳤던 경험을 얘기했다. 나는 아내 개비처럼 용감한 사람이 아니라서 물에서 나오는 순간만 빼고 그 경험의 모든 순간이 싫었다. 하지만 결국 해냈다.

현대사회에서는 어떤 일을 잘하는 사람은 그 일을 잘한다는 이유만으로 무시당하는 이상한 경향이 있다. 연설자가 수천 명의 관중에게 기립박수를 받는 모습을 보면서 하품을 한다. 예술가들이 빈 캔버스에 손쉽게 생명을 불어넣는 모습을 보면서 우리가 결코 할 수 없는 일인데도 그냥 지나친다. 올림픽에서 놀라운 고난이도 기술을 선보이는 선수들에게는 "뭐, 그들은 체조 선수니까."라면서 대수롭지 않게 여긴다.

우리는 용감한 이들에게도 똑같은 말을 한다. "그들이 그렇게 영웅적으로 행동한 것도 당연해. 그들은 용감하잖아." "나는 절대 그렇게 말할 수 없을 거야. 난 용기가 없으니까.” 의식적으로든 아니든 우리는 용감한 사람은 두려움이 없다고 여긴다. 챗GPT도 ‘용감한’의 동의어 열 개에 ‘두려움 없는’을 포함시켰다.

하지만 이것은 결코 사실이 아니다. 이는 체조 선수 시몬 바일스는 중력의 영향을 받지 않는다고 말하는 것과 같다. 나와 당신에게 적용되는 중력의 법칙은 당연히 바일스에게도 적용된다. 단지 바일스는 그 법칙 안에서 놀라운 체조 기술을 선보일 수 있게 시간을 투자했을 뿐이다. 어느 날 아침에 일어났더니 갑자기 중력을 정복한 사람이 되어 지금과 같은 삶을 살아가는 것이 아니다. 바일스는 과학의 법칙에 따라 중력과 체조를 공존시키는 법을 배운 것이다. 이는 용기와 두려움이 공존할 수 있다는 연구 결과와 비슷하다.

예전에 오만가지 두려움에 시달리던 친구가 있었는데, 결국 그는 두려움에 압도당한 채로 살아가는 데 지쳤다. 그래서 뭔가 조치를 취하기로 결심했다. 헬리콥터, 주삿바늘, 사람들 앞에서 노래 부르는 것 등 자신이 두려워하는 것을 전부 공책에 쓴 다음 매달 한 가지씩 목록에서 지워 나가기로 했다. 친구에게 함께 헬리콥터를 타자고 했다. 의사의 권고에 따라 매달 비타민 B12 주사를 맞기로 했다. 캐스팅 에이전트들 앞에서 노래해야 하는 오디션에도 참가했다. 매달 새로운 두려움과 씨름해야 할 때마다 두려웠지만 어쨌든 해냈다.

자신감을 얻지 못하게 방해하는 가장 큰 두려움에도 마찬가지로 대처할 줄 알아야 한다. 어떤 두려움은 마치 중력 같아서 영영 사라지지 않는다는 사실을 알아야 한다. 사라지면 좋겠지만 실제로는 귀찮은 삼촌과 비슷하다. 다들 집안에 그런 친척이 한 명쯤 있을 것이다. 그는 예고 없이 불쑥 찾아올 텐데 우리는 그럴 때마다 무엇을 해야 하고 그를 어떻게 상대해야 하는지 알아야 한다. 자신을 괴롭히는 두려움도 이런 식으로 잘 파악해서 헤쳐 나가는 법을 배우도록 하자.

우리는 용감한 사람은 남들보다 특별하거나 더 유능하다고 생각한다. 하지만 사실 용감한 사람은 두려움에 대해 잘 아는 것뿐이다. 그들은 두려움과 친숙하고 정기적으로 두려움과 함께 시간을 보내는 반면 우리는 두려움을 마주할 때마다 그저 가볍게 인사하고 지나칠 뿐이다. 용기를 선택하면 두려움과 작별하는 것이 아니라 두려움과 계속 함께해야 한다는 사실을 받아들이는 것이다. 이는 스카이다이빙과 비슷하다. 비행기에서 뛰어내릴 때 두려움을 마주하면서 긴장을 푸는 것이다. 사실 당신을 죽일 수 있는 고도와 지면을 향해 떨어지는 속도가 곧 낙하산이 펼쳐지게 하는 요인이기도 하다. 숙련된 스카이다이버는 허우적거리지 않는다. 그들은 땅을 보고, 바람을 느끼고, 구름을 마주하면서 '멋지다. 다시 만나서 반가워'라고 생각한다. 실패도, 귀찮은 삼촌도 그들과 자주 같이 일해 봐야 그들을 대하는 데 익숙해진다.

우리가 자주 접해야 하는 세 명의 상대를 소개하겠다.

거절을 대하는 자세

연봉 협상을 두려워하는 에밀리는 자신의 요청이 거절당할 것이 뻔하다고 생각한다. 상사와 정면으로 맞섰다가 거절당할지도 모른다는 생각만 해도 견딜 수가 없다. 그래서 아예 면담 요청조차 하지 않는다. 결국 직장에 불만이 생기기 시작하던 중에 보수도 받지 못하는 추가 업무까지 떠맡았다. 실망한 에밀리는 이 회사를 그만두고 예전 직장으로 돌아갔는데 거기서는 급여도 더 적게 받는다.

나도 겪어 본 일이라서 잘 안다. 거절당하는 것은 인생에서 가장 고통스러운 경험 중 하나다. 고등학생 때 홀딱 반했던 사람과 딱 한 번 했던 데이트에서 상대방이 친구로만 지내자고 선을 긋자 나는 자기 보호 모드에 빠졌다. 말도 하지 않고 남의 일에 관여하지도 않고 웃지도 않았다. 거절의 무게에 신체적, 정서적으로 짓눌려 있는 나를 친구들이 이리저리 데리고 다녀준 덕에 겨우 학교에 다닐 수 있었다. 거절의 감정이 너무 강렬해서 영영 사라지지 않을 것 같았다. 그저 내 아내를 영원히 잃었다고 생각했다. 내가 너무 오버한 행동했던 것일까? 물론 그랬을 것이다. 하지만 거절이 고통스러운 것도 사실이다.

《국제 공중 보건 저널》에 실린 한 연구에서는 "소속감과 연결성을 원하는 현상은 보편적이며 이는 어떤 공동체에 속해 있든 웰빙과 참여의 맥락에서 인간의 기본적인 욕구로 보인다."고 결론을 내렸다.[2] 이를 내 방식대로 해석하자면 '거절은 정말 짜증난다.' 그렇다면 이 두려움을 어떻게 헤쳐 나갈 수 있을까?

80퍼센트는 당신에게 달렸다

거절을 당하면 자신이 바꿀 수 없는 것에 집중하게 된다. '거절을 당하면 짜증이 난다'는 사실 말이다. 아니면 자기 힘으로 바꿀 수 있는 것에 집중할 수도 있는데 이것이 바로 우리가 해야 할 일이다.

우리는 가능한 한 모든 사람에게 호감을 얻고 싶다는 욕구가 있다. 하지만 사실 어떤 사람은 당신을 좋아하지 않을 것이다. 다시 한 번 말하는데 어떤 사람은 '그냥' 당신을 좋아하지 않을 것이다. 당신 말투나 머리 스타일, 전반적인 태도 등 무엇인가가 마음에 들지 않는 것이다. 그리고 그것을 바꾸기 위해 당신이 할 수 있는 일은 '아무것도' 없다. 참으로 고무적인 소식이지 않은가?

이는 사실이다. 우리는 모두가 우리를 좋아해야 한다는 잘못된 기대감을 품고 있는데 이런 사고방식은 자신감을 유지하는 능력을 저해한다. 누군가 우리를 좋아하지 않을 때마다 자신이 뭔가 잘못하고 있는 듯한 기분이 들기 때문이다. 하지만 누군가가 우리를 좋아하지 않는다는 것은 그런 뜻이 아니다. 그냥 우리 본모습이 마음에 들지 않는다는 얘기인데, 이는 전혀 문제 될 것이 없다.

모든 사람이 당신을 좋아하도록 노력하기보다, 내 친구 조쉬가 만든 유용한 프레임을 이용해 보자. 나도 꽤 오랫동안 이 프레임에 따라 살고 있다.

사람들의 10퍼센트는 무슨 일이 있어도 당신을 좋아할 것이다.
사람들의 10퍼센트는 무슨 일이 있어도 당신을 싫어할 것이다.
나머지 80퍼센트는 당신에게 달려 있다.

우리는 살면서 만나는 부정적인 낸시Negative Nancy(항상 비관적이거나 부정적인 말을 하며 분위기를 가라앉히는 사람을 가리키는 영어권 속어—옮긴이)의 생각을 바꾸려고 노력하는 경우가 많다. (당신 이름이 낸시라면 미안하다!) 우리는 우리를 좋아하지 않는, 아마 앞으로도 좋아하지 않을 10퍼센트의 이야기에 귀를 기울이면서 그들이 우리를 좋아하도록 만드는 데 많은 에너지를 쏟는다. 그들에게 헛된 에너지를 쓰느라 나의 영향권에 들어올 수 있는 80퍼센트를 잃으면서 말이다.

우리를 좋아하지 않는 10퍼센트 때문에 패배감을 느끼기보다 우리를 좋아할 가능성이 있는 이들에게 에너지를 쏟으면 어떨까? 우리를 싫어하는 10퍼센트는 그냥 무시하고 우리를 격려해 줄 이들에게 의도적으로 에너지를 쏟는다면? 우리를 좋아하지 않는 10퍼센트는 항상 존재할 것이다. 그런 사람들에게 필요 이상으로 많은 에너지를 들을 필요는 없다. 80퍼센트는 당신에게 달려 있다는 사실을 기억하자. 부정적인 낸시는 잊고 80퍼센트에 집중해야 한다.

에밀리 이야기로 돌아가 보자. 에밀리는 급여 인상을 요구하는 것이 두려웠고 요청을 거절당할지도 모른다는 생각에 겁이 났다. 상사와 정면으로 맞섰다가 거절당할지도 모른다는 생각이 극복할 수 없는 장애물처럼 느껴졌다. 하지만 이런 두려움을 접어 두고 자신이 통제할 수 있는 것, 즉 본인의 가치와 자신감에 집중하기로 했다. 그래서 몇 달 동안 기술을 연마하고 추가 프로젝트를 맡으면서 꾸준히 기대 이상의 성과를 올렸다. 에밀리는 새롭게 얻은 자신감과 탄탄한 실적을 바탕으로 마침내 상사를 찾아갔다. 놀랍게도 상사는 에밀리의 급여 인상 요청을 받아들였을 뿐만 아니라 회사 내에서 새로운 리더 역할을 맡아 달라는 제안까지 했다.

미지의 것과 마주했을 때

사라는 새로운 도시로 이사 가기가 두려워 아무것도 할 수 없었다. 익숙한 환경에서 멀리 떨어진 곳에서의 생활이 어떨지 불확실했고 아무도 모르는 곳에서 새로운 삶을 시작한다는 생각이 부담스러웠다. 그래서 그냥 지금 사는 곳에 머물기로 했다. 당시 사라는 근처 식당에 취직했지만 만약 그때 과감하게 도전했다면 자신의 삶이 어떻게 달라졌을지 늘 궁금했다.

몇 년간 갑갑함을 느끼던 사라는 마침내 결정적인 전환점에 도달했다. 친구와 동료, 가족이 각자의 삶에서 과감한 발걸음을 내딛는 모습을 보자 자신도 그렇게 해야겠다는 생각이 든 것이다. 본인의 인생이 흘러가는 모습을 지켜보면서 끊임없이 '만약 ~했더라면'이라는 질문에 시달리던 사라는 과감히 도전해 보기로 결심했다. 그래서 고향인 콜로라도에서 멀리 떨어진 뉴욕의 직장에 지원했고 놀랍게도 좋은 직장을 구할 수 있었다. 사라는 짐을 싸고 편도 티켓을 끊었다.

그리고 주변 지역을 조사하고 온라인 커뮤니티에 가입하고 새로운 삶에 대한 개인적인 목표를 세우기 시작했다. 용기 있는 선택을 할 때마다 자신감이 커졌다. 마침내 이사를 결정한 사라는 빠르게 적응했을 뿐만 아니라 이제 미지의 대상과의 관계가 완전히 달라졌다는 사실을 깨달았다.

사라는 많은 사람이 몇 년씩 걸려 알게 되는 사실을 깨우쳤다. 마냥 기다린다고 해서 원하는 답을 다 얻을 수는 없다는 것이다. 그보다는 원하는 답을 항상 얻을 수는 없다는 사실을 받아들이고 두려워도 앞으로 나아가야 한다.

몇 년 전에 산호세에서 라스베이거스로 가는 비행기에 탔다. 비행기에 탑승하자마자 "신사숙녀 여러분, 비행기에 오신 것을 환영합니다."라는 기내 방송이 나왔다. "아메리칸 항공을 이용해 주셔서 감사합니다."도 아니고 "제 이름은 크리스티나고 조종사 이름은 에릭입니다."도 아니었다. 그냥 "비행기에 오신 것을 환영합니다."라고 말했다. 흠, 뭔가 좀 이상하네.

내 자리를 찾아 짐을 올려놓고 휴대폰을 비행기 모드로 전환했다. 평소처럼 비즈니스석이었다. 그런데 갑자기 난기류를 만났다. '처음 비행기를 타는 사람이라면 좀 무섭겠네' 하고 넘길 정도의 수준이 아니었다. 항공 마일리지가 수백만 마일씩 되는 일등석의 사업가들이 의자 팔걸이를 꽉 잡고 내가 들어본 적도 없는 신에게 기도를 드렸다. 나는 팔걸이를 꽉 붙들면서 '이 상황이 더 나쁠까? 아니면 상어 다이빙이 더 나쁠까?'하는 생각이 들었다.

상황이 곧 괜찮아질 것이라는 확신을 얻고 싶어서 승무원을 찾았다. 이는 비행기에서 발생한 상황에 관한 진실을 알고 싶을 때 늘 사용하는 테스트다. 승무원이 침착하면 우리도 괜찮을 것 같았다.

그런데 승무원은 침착해 보이지 않았다.

'잠깐, 설마 기도하는 거야?' 보조 좌석에 웅크리고 앉아 눈을 감은 승무원이 쥐고 있는 묵주가 떨리는 것이 보였다. '아, 안 돼. 묵주를 들고 있네. 기도하는 거야. 이건 좋은 징조가 아니잖아. 묵주를 깜빡 잊고 안 들고 왔는데 일이 이렇게 되다니. 우리는 끝났어. 비행

기가 추락할 거야.'

공포에 떨던 몇 초 동안, 평소에 정해 둔 '죽기 직전에 해야 할 일 목록'을 머릿속으로 훑었다. 첫째, 개비에게 전화하기. 둘째, 어머니에게 전화하기. 셋째, 할 말 생각하기. 그러는 동안 우리 비행기는 무사히 착륙했다.

이것이 바로 우리가 미지의 대상을 두려워할 때 하는 행동 아닐까? 우리는 최고의 상황이 벌어질 것이라고 추측하는 일은 거의 없고 항상 최악을 가정한다. 누군가가 제시간에 집에 돌아오지 않으면 우리는 곧장 '혹시 죽은 걸까? 엔진이 고장 났나? 전 여자친구가 전화해서 다시 만났나?', 같은 조급한 결론을 내린다. 물론 터무니없는 생각이다.

하지만 '복권에 당첨된 걸까? 혹시 〈어메이징 레이스〉 출연료로 10만 달러를 제안받았나? 모델 에이전시와 계약을 맺은 걸까?' 같은 믿기 어려울 만큼 긍정적인 결과를 생각하는 경우는 없다.

미지의 대상에 대한 두려움은 우리를 항상 극단으로 몰고 가는데 이는 결코 좋은 쪽의 극단은 아니다. 이런 두려움 때문에 생기는 문제는 비행시간의 절반 이상을 '만약 ~면 어쩌지' 시나리오를 점검하는 정도에서 끝나지 않는다. 이 두려움이 재정, 친구, 목표, 경력, 미래의 꿈에 관한 의사 결정에 영향을 미친다는 것이 문제다. '구직 면접? 아마 그 일자리를 얻지 못할 거야. 소개팅? 아마 서로 맞지 않을 거야. 시가 식구들과의 저녁 식사? 아마 나도 모르게 불쾌한 말을 하겠지…' 이런 나쁜 시나리오에 대한 증거를 가진 사람도 많다. 실직했거나, 소개팅을 했거나, 보기 싫은 친척과 한두 번 정도 끔찍한 저녁 식사를 한 경험이 있는 것이다. 하지만 과거 경험을 바탕으로 미래에 시도할 일의 에너지 수준을 판단하는 것이 정말 좋은 삶의 방식일까?

인간은 예측에 정말 서툴다

주식 시장은 항상 변동이 심하다. 사실 수십 년에 한 번씩 불황이 찾아온다는 사실은 다들 알고 있다. 역사에 확실히 기록되어 있으니 말이다. 하지만 시장이 급락할 때마다 401(k)(미국의 퇴직금 적립 제도—옮긴이) 계좌에서 돈을 인출하는 이들이 많다. 아이러니하게도 주식 시장이 이렇게 폭락한 뒤에 다시 큰 폭으로 급등하는 경우가 종종 있다. 그러니 돈을 인출한 이들은 투자 가치가 가장 낮을 때 자금을 빼내고 시장 급등에 따르는 높은 수익은 다 놓치는 셈이다.

주식 시장이 회복되면 사람들은 이제 안전하다고 느끼면서 주식을 다시 매수한다. 결국 투자에 운이 따르는 경우는 드물다. 당신이나 나 같은 아마추어 투자자는 실제로 다트판에 무작위로 다트를 던져서 매도 시기와 매수 시기를 정하는 것보다 훨씬 나쁜 결과를 얻는다. 그러니 워런 버핏이 사람들의 예측은 "차라리 안 하느니만 못하다."고 할 만도 하다.[3]

주식 시장에 투자할 때는 보통 방금 읽은 사건을 바탕으로 결정을 내린다. 대폭락이 발생했다고? 그럼 투자했던 돈을 다 빼내서 최대한 많은 자본을 저축해 두자. 시장이 갑자기 급등했다고? 그럼 다시 돈을 집어넣고 행운을 빌어야지.

하지만 1930년 이후의 데이터를 살펴보자. 투자자가 10년마다 S&P500 지수가 가장 높았던 10일간 투자를 중단했다면 지금까지의 총 수익률은 28퍼센트에 그쳤을 것이다. 반면 투자자가 상승과 하락을 겪으면서도 꾸준히 투자했다면 총 수익률이 17,715퍼센트에 달하게 된다.[4]

자신감에 필요한 에너지도 주식 투자와 비슷하다. 거절당하거나 기회를 놓치거나 이별 같은 실패를 겪으면서 감정이 고조되거나 공황 상태에 빠지면 이런 감정을 바탕으로 다음 행보를 결정짓기 쉽다. 이렇게 에너지가 타격을 받으면 지금까지 이룬 모든 진전이 수포로 돌아가는 듯한 기분이 든다. 다시 시작해야 할지도 모른다는 두려운 전망에 직면하면 우리가 쏟아부은 모든 노력이 무의미하게 느껴진다.

하지만 큰 패배를 겪은 뒤 에너지를 다 소진해 버리면 주식 시장이 폭락했을 때 투자금을 마지막 한 푼까지 다 빼내는 경우처럼 자신감 수익률이 크게 낮아질 뿐만 아니라 그 에너지를 되찾을 최고의 시기를 놓치게 된다.

손실 직후에 최대 수익을 올릴 수 있는 가장 큰 기회가 찾아온다.

따라서 예상치 못한 실패를 겪은 뒤 감정이 고조되고 심장이 쿵쾅거리는 상황에서 어떻게 대응할지 현명하게 선택해야 한다. 또 잃을까 봐 두려워 물러설 것인가? 너무 어렵게 느껴져 다시 일어서기를 포기할 것인가? 아니면 집중된 에너지를 활용해 성공을 향한 다음 발걸음을 내딛을 것인가?

"회사의 과거 실적을 보고 투자하는 것은 결코 합리적이지 않다."는 말이 있듯 과거의 실패 때문에 에너지를 빼앗기는 것도 합리적이지 않다.[5] 오히려 시장과 당신의 에너지가 하락할 때 투자해야 한다. 두려울 때, 폭락할 것 같을 때, 거절당할 것 같을 때 투자하자. 바로 이런 순간에 가장 큰 수익을 올릴 가능성이 높다.

그래서 전문적인 재무 설계사들은 대체로 투자자들에게 "그냥 넣어 놓고 잊으라."고 조언한다. 이들은 인덱스 펀드를 통해 주식 시장에 투자하면 시간이 지나면서 연간 복리로 약 10퍼센트의 수익을 올릴 수 있고 이 정도면 은퇴 자금으로 충분하다는 사실을 알고 있다.

영업 전문가도 마찬가지다. 업종에 따라 다르지만 영업 전문가의 '거래 성사율'은 약 20퍼센트 정도다. 고객 다섯 명 가운데 네 명은 거절하고 한 명만 수락한다는 뜻이다.

이 모든 데이터는 미지의 대상에 대한 두려움을 완화하는 데 도움이 되며 불확실성에 대처할 수 있는 일반적인 전략을 몇 가지 제공한다. 미지의 대상에 대한 두려움과 친해질 수 있는 핵심 비결을 세 가지 소개한다.

핵심 1: 예측하지 말고 전략을 세우자

미지의 대상에 대한 감정적인 투자를 주식 투자 전략처럼 받아들이자. 물론 주가는 언젠가 하락할 것이다. 하지만 이미 여러 차례 검증된 이 전략은 종합적으로 볼 때 '결국 돈을 투자해야 더 많은 돈을 벌 수 있다'는 것이다.

오디션을 보는 예술가들도 마찬가지다. 그들은 대부분 적어도 99퍼센트 거절당한다. 하지만 그들은 거절에 굴하지 않는다. 이것은 그저 과정의 일부일 뿐이다. 그들은 공연 무대에 오르는 것이 아니라 아예 오디션을 보러 가는 것을 자신의 직업으로 여긴다. 실제 공연까지 하면 금상첨화인 것이다.

어떤 용감한 행동을 취하든 다음에 무슨 일이 일어날지 예측할 수도 없지만 예측하려고 해서도 안 된다. 논리적 판단이나 업계 표준에 따른 전략을 택하고 계획을 끝까지 고수해야 한다.

카페를 차리려 한다고 가정해 보자. 직감에 따라 떠오르는 대로 결정을 내릴 수도 있다. 그러면 상황이 좋은 날에는 엄청난 수익을 올릴지 모르지만 상황이 안 좋은 날에는 '내가 대체 왜 이 일을 하고 있는 거지?'라는 생각이 들 수 있다. 하지만 업계 정보를 활용하면 이 사업의 계절적 변동을 이해할 수 있고 이는 창업에 따르는 기복을 헤쳐 나가는 데 도움이 될 것이다.

프레젠테이션을 준비할 때는 청중이 콘텐츠를 어떻게 받아들일지 예측하지 말고 훌륭한 프레젠테이션의 핵심 요소에 집중해야 한다. 몸짓 언어, 시작할 때 들려줄 이야기, 주요 요점에 노력을 기울이자. 그러면 청중은 자연스레 공감할 것이다.

영업자는 잠재 고객과 대화할 때 '자격을 갖춘 구매자'인지 아니면 '자격 없는 구매자'인지 추측해서 이들을 범주에 따라 분류하는 경우가 많다. 하지만 이런 가정은 사실일 수도 있고 아닐 수도 있기에 실망감에 젖게 될지도 모른다. 그보다는 각 고객의 니즈와 목표 그리고 그 목표에 부합할 방법을 깊이 있게 이해하려고 노력하자. 그러면 그들은 존중받는다는 기분을 느끼게 되므로 거래가 성사될 가능성이 더 높아진다.

핵심 2: 숫자를 잘 알아야 한다

어떤 상황에 대처해야 하는지에 따라 다르기는 하지만 숫자는 불안을 진정시키는 데 도움이 된다. 예를 들어 지난 비행에서 난기류를 만났을 때 바싹 긴장한 것은 터무니없는 일이었다. 비행기가 추락할 확률은 0.00000001퍼센트에 불과하기 때문이다.[6]

어떤 일을 처리할 계획이라면 관련된 수치를 알고 있는 것이 그 상황의 실체를 어느 정도 파악하는 데 도움이 된다. 비록 숫자가 당신에게 유리하지 않더라도 말이다.

영업 사원들이 화를 내지 않는 이유 중 하나는 대부분 실패하리라는 사실을 이미 알고 있기 때문이다. 대부분 그들을 거절할 테고 대부분 전화도 받지 않을 것이다.

하버드 대학교에 입학하고 싶다면 '아마 입학하지 못할 것'이라는 사실을 알아 두는 게 도움이 될 수도 있다. 그렇다고 시도하지 말라는 뜻은 아니다. 절대 그런 말이 아니다. 다만 합격률이 낮다는 것을 알면 탈락에 대비하고 대안을 세우는 데 도움이 된다는 뜻이다. 나는 명문 대학교에 진학했거나, 올림픽에 출전했거나, 해군 특수 부대원이 되었거나, 기타 여러 가지 특별한 일을 겪은 사람들을 안다. 그들은 모두 자신의 성공 가능성을 알고 있었고 미지의 것에 대한 두려움과 좋은 관계를 맺는 법을 배웠다.

이것이 자신감에 어떻게 적용되는지 살펴보자. 관계에 대한 자신감을 키우려고 몇 사람에게 데이트 신청을 하기로 했다고 가정해 보자. 이때 목표는 연인을 여러 명 사귀는 것이 아니라 자신에게 딱 맞는 한 사람을 찾으려는 것이다. 이는 곧 대부분의 연인 관계가 결국은 결실을 보지 못하고 헤어진다는 뜻이다. 연애에 실패하는 지점은 아주 다양하다.

- 누군가에게 데이트를 신청했는데 거절당할 수도 있다.
- 두 번째 데이트를 거절당할 수도 있다.
- 헤어질 가능성도 있다.

이것이 현실이다. 그러나 지금 내가 되고 싶은 것이 연애 전문가가 아니라 단 한 사람에 대한 전문가라는 사실을 깨달으면 대부분의 사람들이 자신과 잘 맞지 않는다는 것을 자연스럽게 받아들이게 된다.

당신이 논문 게재 승인을 받으려고 애쓰는 신입 연구자라고 가정해 보자. 대부분 거절당하리라는 것을 알면서도 여러 저널에 연구 결과를 보내기 시작한다. 그중 단 한 곳에서라도 받아 주기를 바라는 것이다. 처음부터 이런 사실을 머릿속에 새겨 두면 거절 편지를 많이 받아도 자신감을 잃지 않을 수 있다.

입사 지원서, 장학금, 출간 제안서, 오디션, 승진 등도 마찬가지다. 대답은 대부분 거절일 것이다. 거의 '항상' 패배하리라는 사실을 알고 있으면 패배감을 이겨 낼 때도 기분이 훨씬 괜찮을 것이다. 프로 공연 오디션에 참가하는 이들만큼 이 사실을 잘 아는 사람도 없다. 이들은 딱 한 번만 합격하면 주연을 맡을 수 있다는 것을 기억하고 있다.

핵심 3: 패배를 빨리 잊자

자신이 하는 일을 잘 이해하고 전략을 고수하면 실패를 빨리 잊을 수 있다.

로저 페더러Roger Federer도 이런 얘기를 한 적이 있다. 테니스를 잘 모르더라도 역대 최고의 테니스 선수 가운데 한 명인 페더러의 이

름은 들어 보았을 것이다. 그가 출전한 경기의 80퍼센트를 이겼다
는 사실은 그다지 놀랍지 않다. 하지만 그는 해당 경기에서 나온 점
수 중 단 54퍼센트만 획득했다. 통계적으로는 불가능해 보일 수도
있지만 테니스의 채점 방식을 고려하면 당연한 결과다. 하지만 요
점은 그게 아니다.

페더러는 혼자서 점수를 다 딸 필요가 없다는 것을 알고 있었다.
사실 절반 이상만 획득하면 충분했다. 정말 중요한 것은 점수를 잃
고 있는, 경기 시간의 46퍼센트 동안에는 그 상황을 대담하게 받아
들이고 빨리 잊어야 한다는 것이다. 만약 그가 점수를 잃을 때마다
화를 냈다면 그는 결코 지금과 같은 챔피언이 되지 못했을 것이다.

부족함을 받아들이는 법

마크는 아는 사람이 별로 없는 연말 파티에 참석하는 것이 떨렸다.
낯선 사람들과의 대화에 참여할 수 있을 만큼 자신이 흥미롭거나
똑똑하지 못하다는 생각에 두려움을 느꼈기 때문이다. 똑똑한 사
람들로 가득 찬 파티장에서 어울려야 한다고 생각하니 자신이 아
무래도 부족하고 그 자리에 어울리지 않는 듯한 기분이 들었다.

인사조차 하기 힘들 정도로 자신감이 부족한 기분을 느껴 본 적
이 있는가? 청소년기를 과체중으로 보내기란 쉽지 않은 일이다. 나

는 친구들과 함께 있을 때는 행복해 보이려고 애썼지만 내 삶은 거품처럼 터지기 쉬운 가짜 자신감에 기반해 있다. 그 거품은 단 하나의 부정적인 말에도 터질 수 있었는데 실제로 아버지 때문에 여러 번 터졌다.

끝없는 격려로 나를 채워 주셨던 어머니와 다르게 아버지는 내가 하는 모든 일을 인정하지 않았다. 내가 벽에 못을 박으면 아버지가 한 번 더 망치질을 했고 내가 탁자 위의 물건을 옮겨 놓으면 아버지가 그 위치를 살짝 바꾸고는 했다. 내가 한 일을 끊임없이 수정하는 모습을 보면서 아버지는 완벽을 기대하는데 나는 그런 완벽을 제공할 능력이 없다는 사실을 날마다 깨달았다.

아버지의 기대에 부응하지 못하는 이런 무능함이 나 자신을 바라보는 시각을 형성하기 시작했고 결국 내 몸무게에도 신경 쓰지 않게 되었다. 나는 아버지에게 늘 부족한 아들이었고 시간이 지날수록 나는 나를 '누가 보아도 부족한 사람'으로 여겼다.

이런 '거짓말'을 믿었기에 "당신이 무엇을 하든 존재 자체로 충분하다."라는 너무나 단순한 사회적 격언도 좋게 들리지 않았다. 이 말은 아버지의 가혹한 비판에 비해 기분은 좋았지만 다른 방식으로 내 성장을 지연시켰다.

어쩌면 나는 정말 '충분히 괜찮은 사람'일 수도 있다. 그렇다고 내가 더 이상 발전하지 못한다는 뜻은 아니지 않는가? 아버지의 끊임없는 지적과 수정은 내가 아무리 노력해도 결코 괜찮은 사람이 될 수 없다고 말하고 있었고 사회의 넘치는 인정도 내 성장을 촉진하지 못했다. 오히려 정체된 채로 현실에 안주했다.

어렸을 때 만난 선생님들은 항상 "자신의 강점에 집중하라."고 하셨다. 지금은 그 말이 정말 끔찍한 말이라는 생각이 든다. 약점을 무시하면 전반적인 성장이 저해될 뿐 아니라 선택권에서도 멀어지게 된다.

약점은 우리가 특정한 방식으로만 살아가게 하는 결정적인 특징이 아니다. 약점은 자신감을 필요로 하는 잠재적인 강점이며 지금보다 나은 사람이 될 기회를 많이 안겨 준다. 당신은 제한된 능력을 지닌 고정된 인간이 아니다. 항상 더 나아지는 길을 택할 수 있다.

나는 말하기 능력이 약점이라는 말을 들었다. 만약 그 선생님들의 말에 귀 기울였다면 결코 내 진로를 찾지 못했을 것이다. 오늘날 대중 강연은 내가 선택한 가장 큰 강점 가운데 하나다. 나는 "너는 부족한 사람이야."라는 목소리에 흔들려 포기하지 않았다. 나는 실패할 때마다 그것을 발판 삼아 앞으로 나아갔고 실패를 겪으면서 그만큼 더 발전했다. 나는 그렇게 나를 안심시켰다.

엘리트 수영 선수 연구

대니얼 챔블리스는 1980년대에 올림픽 참가 선수이자 세계 기록 보유자인 엘리트 수영 선수들을 연구해 챔피언을 만드는 요소가 무엇인지 파악했다.

흥미롭게도 챔블리스는 이 연구 결과를 통해 '본질적으로 재능이라는 것은 존재하지 않는다'고 여기게 되었다. 대신 그는 엘리트 수영 선수들의 모든 노력은 몇 가지 작은 것에 달려 있다고 말했다.[7]

1. 연습 빈도
2. 작은 개선에 집중하는 것
3. 끊임없이 자신에게 도전하는 것

연습의 양은 말할 필요도 없지만 다른 두 가지 습관은 무시하는 이들이 많은 듯하다. 챔블리스의 연구에 따르면 대부분의 수영 선수와 일반인들은 기록을 세우거나 승진을 하는 등 중요한 일에 집중하는 경향이 있다. 반면 자기 분야의 엘리트가 된 챔피언들은 작은 승리를 축하했고 특정 분야의 아주 작은 개선에 집중했다.

또한 엘리트 수영 선수들은 새로운 코치, 리그, 수영장에서 끊임없이 자신에게 도전했다. 그들은 리그를 장악한 뒤에도 그 자리에 머무르지 않았다. 이는 매우 어려운 일이다. 실패를 딛고 다시 일어서는 것은 누구나 가능하지만 자신이 석권한 리그를 포기하는 것은 거의 불가능하다. 하지만 최고의 성적을 올리고자 하는 올림픽 수영 선수들은 끊임없이 도전하는 습관을 키웠다. 그들은 계속 다른 리그로 올라가거나 기록을 매일 10분의 1초 혹은 100분의 1초라도 더 단축하겠다는 작은 목표를 세웠다.

그렇다면 우리 같은 보통 사람들은 부족함에 대한 두려움을 어떻게 극복할 수 있을까?

이제 재능에 대해서 걱정할 필요는 없다

젊고 재능 있는 스타를 너무나 좋아하는 서양인들에게는 시대에 뒤떨어진 이야기처럼 들릴지도 모른다. 하지만 챔블리스가 재능에 관해서 한 말을 들어보자.

"올림픽 챔피언들의 역사를 살펴보면 대부분 성공을 향해 나아가는 과정에서 심한 역경을 극복한 듯하다. 자동차 사고, 정강이 통증, 발목 염좌, 어깨 수술 등을 겪었다는 이야기를 자주 들을 수 있다. 사실 이런 일은 살면서 흔히 일어나는 일이다.

운동 분야에서 성과를 올리려면 최소한의 체력, 심폐 기능, 신경 밀도가 필요할 수 있다. 물론 차별적 우위를 부정하는 것은 아니다. 그러나 그 최솟값을 정의하기는 어렵고 많은 경우 기준이 상당히 낮아 보인다. 어쩌면 가장 중요한 요소는 타고난 능력이 아니라 우리 대부분이 직면하는 자연스럽거나 부자연스러운 장애를 극복하려는 의지일지도 모른다. 여기서 말하는 장애는 자리에서 일어나거나 일할 때의 사소한 불편함부터 사고와 부상, 심각한 신체적 장애까지 다양하다. 그리고 필요한 기본적인 재능 수준이 매우 낮아

서 거의 모든 사람이 지니고 있을 정도라면 더 이상 선수들을 차별
화하지 못하는 재능이라는 개념 자체를 버리는 편이 나을지도 모
른다."[8]

요약하자면 챔블리스는 세계에서 가장 유명한 엘리트 운동선수
에 관한 연구를 수행한 후 재능을 믿지 않게 되었다. 실제로 그의
논문 제목도 〈탁월함의 평범성〉이다. 어떤 면에서 그는 올림픽 수
준의 선수들이 이룬 탁월한 성과도 그저 올바른 재료의 부산물로
여겼다. 챔블리스는 이것이 적절한 마음가짐으로 적절한 일을 적절
한 양만큼 했을 때 생기는 결과임을 증명했다. 재료만 잘 갖춰져 있
으면 케이크를 구울 때처럼 결과를 예측할 수 있다. 올림픽 선수에
게도 숨겨진 특별한 비법 같은 것은 없다는 얘기다.

우리는 자신의 부족함을 직시하고 모든 사람이 거의 같은 수준의
적정성을 지니고 있음을 알아야 한다. 그것이 무엇을 의미하든 간
에 말이다. 어떤 일을 더 잘하고 싶다면 노력을 기울여야 한다. 그러
면 확실히 좋아질 것이다. 정말 간단하지 않은가.

1퍼센트의 향상을 위해 미친 듯이 노력하자

챔블리스는 연구 과정에서 최고 중의 최고는 항상 개선할 부분을
찾는다는 사실을 알아냈다. 이는 예술계 최고의 라이브 공연자들도
마찬가지다.

내가 아는 한 공연자는 놀랍도록 훌륭한 공연자와 그냥 잘하는 공연자 사이의 차이가 무엇인지 알아냈다고 한다. 훌륭한 공연자는 아름다운 사람도, 가장 '재능 있는' 사람도, 최고의 자리에서 시작한 사람도, 가장 전문적인 훈련을 받은 사람도 아니었다.

최고의 공연자들이 지닌 공통점은 바로 한 가지 영역을 택해서 그 부분을 개선하는 데 열정을 쏟는다는 것이었다. "드디어 180도 회전을 완벽하게 해냈어." "내 대사 중 하나에 새로운 억양을 시도했는데 반응이 좋았어."

같은 공연을 계속 반복하는 사람들은 지루해하는 경우가 많지만 엘리트 공연자들은 그렇지 않았다. 그들은 약간의 변경 같은 거의 눈에 띄지 않는 변화를 즐기는 것 같았다. 시간이 지나자 이런 미세한 개선 덕에 결과가 극적으로 달라졌다. 이는 이 책의 핵심 메시지와도 같다.

아는 사람이 별로 없는 연말 파티에 가는 것이 두려웠던 마크는 어떻게 되었을까?

마크는 여전히 두려웠지만 자신이 통제할 수 있는 것에 집중하기로 했다. 진심으로 호기심을 품고 열린 마음으로 소통하고자 했다. 그는 심호흡을 하고 새로운 사람들과 대화를 시작했다. 놀랍게도 사람들은 그의 말에 관심을 보였을 뿐 아니라 그의 독특한 관점을 높이 평가했다. 이 경험을 통해 자신감이 높아진 마크는 처음 생각했던 것보다 자기가 남들에게 제공할 수 있는 게 더 많다는 사실을 깨달았다. 이는 그가 사회성을 계속 기르는 데 큰 힘이 되었다.

모두가 두려워하는 상대와 친구가 되면 그가 더 이상 무서워 보이지 않는다. 두려움의 가면을 벗기고 무엇이 당신을 괴롭히는지 밝혀내고 어차피 사라지지 않을 두려움이라면 그 두려움을 삶 속에 포함시킬 방법을 찾아보자. 두려움과 용기는 동시에 존재해도 괜찮다는 사실을 알게 될 것이다.

당신의 앞길을 가로막는 상대가 없으면 자신감 사이클을 계속 이어 갈 수 있고 다음 단계인 행동에 돌입할 준비가 될 것이다.

자신감 요약 노트

- 용감한 사람도 두려움이 아예 없는 것은 아니다. 단지 자신의 두려움과 좀 더 나은 관계를 맺고 있을 뿐이다.
- 당신이 잘 이해하고 더 나은 방식으로 소통하기 시작해야 하는 세 가지 주요 두려움이 있다.
  1. 거절에 대한 두려움
  2. 미지의 것에 대한 두려움
  3. 부족함에 대한 두려움
- 대니얼 챔블리스는 〈탁월함의 평범성〉이라는 유명한 논문에서 세계 최고의 엘리트 운동선수가 될 수 있는 여러 가지 요인에 대해 썼는데 이런 요인이 재능과는 거의 아무런 관련도 없다는 것을 알게 되었다.
- 어떤 분야에서든 1퍼센트의 향상을 기뻐하는 이들이 장기적으로 가장 큰 성공을 거둔다.

모든 사람은 미지의 대상을 두려워하는데 이 두려움은 다른 두 가지 두려움, 즉 거절 및 부족함과 관련이 있는 경우가 많다. 그러니 지금 바로 그 두려움을 해소하자.

1. 하려고 생각했지만 너무 두려워서 하지 못한 일이 있는가? 누군가에게 데이트 신청을 하거나, 사업을 시작하거나, 동네 사람들을 위한 영화의 밤 행사를 개최하는 것일 수도 있다. 무엇이든 상관없으니 적어 보자.
2. 일어날 가능성이 가장 높은 일과 그에 따르는 기회를 조사해 보자. "사업을 시작하면 처음 2년간은 돈을 못 벌겠지만 그 후에는 수익이 날 것이다."
3. 데이터를 기반으로 다음 단계를 결정한다.

제4부

Micro-Action

목표 달성이 가뿐해지는
'마이크로 행동'의 힘

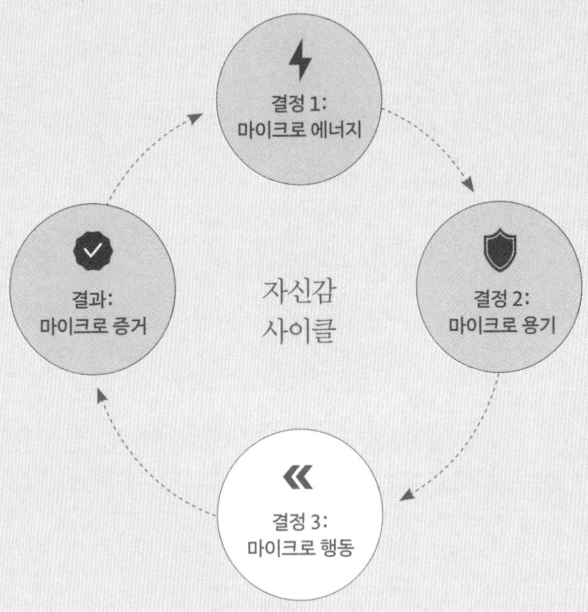

마이크로 행동

작은 행동을 완료하고 그것을 능력의 증거로 받아들인다

«

마이크로 행동

지금까지 에너지를 만들고 용기를 키웠으니 이제 행동할 준비가 되었다. 하지만 먼 곳으로 이사하거나, 직장을 그만두고 사업을 시작하거나, 〈아메리칸 아이돌〉에 출연 신청을 하는 등의 커다란 도약을 하기 전에 큰 목표를 달성 가능한 작은 단계로 나누는 방법을 알려주겠다. 이런 작은 단계를 마이크로 행동이라고 부를 것이다.

기본적으로 이 과정은 작은 행동을 완료하고 그것을 능력의 증거로 받아들이는 것이다. 그 일이 성공했는지 혹은 그 과정에서 두려움을 느꼈는지는 상관없다. 결과야 어떻든 그 단계를 밟은 것만으로도 충분히 행동한 것이다.

제7장에서는 큰 자신감 목표를 작은 단계로 세분화하는 방법을 배우게 될 것이다. 그리고 제8장에서는 건강 관리나 직업 변경처럼 독자들이 가장 궁금해하는 자신감 목표에 도전할 때 활용할 수 있는 걸음마 단계의 목록을 확인할 수 있을 것이다.

적절한 긴장은 성장의 기폭제가 된다

코끼리를 먹는 유일한 방법은 한 번에 한입씩 먹는 것이다.

_ **데스몬드 투투**Desmond Tutu, **남아프리카 공화국의 성공회 대주교**

인류 최초의 언더독 이야기인 다윗과 골리앗에 대해 들어보았을 것이다. 혹시 주일 학교 수업 내용이 기억나지 않는다면 다시 상기시켜 주겠다. 몸집이 작은 양치기 소년 다윗이 세상에서 가장 크고 흉포한 전사 골리앗과 싸워서 이기는 이야기다. 우리는 모두 이 이야기를 좋아한다. 다들 다윗처럼 되고 싶은 마음, 우리 삶을 방해하는 거인들과 맞붙어 싸우고 싶은 마음이 있기 때문이다.

하지만 이 이야기에는 우리가 항상 놓치는 부분이 있다. 다윗이 골리앗과 싸우겠다고 자원했을 때 아무도 그가 해낼 수 있으리라고 믿지 않았다는 점이다. 이는 당연한 일이었기에 다윗은 자신이 그 임무를 수행할 수 있다는 것을 납득시켜야 했다.

전설에 따르면 다윗은 있지도 않은 군사 기술을 과시하거나 새총을 얼마나 잘 다루는지 이야기하면서 자신이 적임자임을 확신시키려고 하지 않았다. 대신 왕과 다른 병사들 앞에서 자신이 지금까지 했던 특별할 것 없는 행동들을 이야기했다. 다른 작은 짐승들을 여럿 죽여 보았으니 골리앗과 맞설 때도 사냥할 대상의 크기만 커지는 것뿐이라고 주장했다.

다윗은 이렇게 말했다. "저는 아버지를 위해 양을 치던 목동이었습니다. 사자나 곰이 와서 어린 양을 물어 갈 때마다 그놈들을 쫓아가 쓰러뜨리고 어린 양을 구했습니다. 그놈들이 제게 달려들면 목을 잡고 비틀어 죽였죠. 사자든 곰이든 상관없이 다 죽였습니다. 이 블레셋 돼지에게도 똑같이 해줄 것입니다."[1]

혹시 깨달았는지 모르겠는데, 다윗은 하나의 행동에서 다음 행동으로 이어지는 일련의 작은 단계를 제시했다. 그는 평범한 목동이었고 사자와 곰을 죽이는 법을 배웠으며 이제 더 큰 적과 맞설 준비가 충분히 되었다는 것을 강조했다.

하지만 다들 이야기의 그 부분을 놓치고 있다. 그저 거인들과 맞서 싸우고 싶은 생각만 앞서서 그런 모양이다.

우리 이야기의 영웅은 우리 자신

1949년에 작가이자 교수인 조지프 캠벨Joseph Campbell은 거의 모든 신화 문학이 단일 신화monomyth, 즉 흔히 영웅의 여정이라는 단일 구조에 기반하고 있다는 개념을 제시했다.[2] 그의 이론에는 17개 단계가 포함되어 있지만 이를 크게 분류하면 세 단계로 나뉜다.

출발: 영웅은 모험에 나서야 한다는 소명을 받으면 이 소명을 받아들이거나 거부해야 한다.

입문: 영웅은 뒤로 물러설 수 없는 지점에 도달해 극복해야 하는 '일련의' 시련이나 도전에 직면한다. 여기서 영웅이 계속 앞으로 나아가지 않으면 실패한다.

귀환: 모험을 통해 새로운 기술과 정체성을 지니게 된 영웅이 변화된 모습으로 돌아온다.

'일련의'라는 단어가 눈에 띈다. 꽤 흥미로운 말이다. 꼭 게임에서 조무래기 악당들을 먼저 처치해야 10레벨에 도달해 악당 두목과 싸울 수 있게 되는 것과 같은 이치다.

수많은 책과 영화, TV 드라마, 만화책에서 채택한 이 구조는 우리가 스토리텔링에서 생각하는 주요 서사로 자리 잡았다. 영화 〈알라딘〉을 본 적이 있는가? 아마 어릴 때 혹은 아이들과 함께 보았을 것이다. 기억을 되살리도록 설명하자면 알라딘은 집 없는 고아이자 거리의 도둑인데 교묘한 방법을 써서 마법의 램프를 손에 넣는다.

그가 램프를 문지르자 지니가 나타나 알라딘에게 세 가지 소원을 들어주겠다고 한다. 알라딘의 첫 번째 소원은 왕자가 되는 것이다. 그가 사랑하는 재스민 공주와 결혼하려면 왕자 신분이어야 하기 때문이다. 두 번째 소원은 익사하지 않게 구해 달라는 것이다. 세 번째 소원은? 음, 스포일러라서 말해 줄 수 없다.

주요 줄거리를 좀 더 자세히 살펴보자. 이야기 초반 알라딘은 본인의 삶이 워낙 절망적이라서 이런 가난에서 벗어날 길이 없다고 생각했다. 하지만 그는 마음씨가 착했고 겸손하며 항상 남을 돕고 싶어 했다.

그러다가 지니를 만나면서 상황이 나아지기 시작한다. 어떤 면에서는 그의 삶 자체가 나아지기 시작한 것이다. 왕자 행세를 하면서 더 좋은 옷과 많은 돈, 더 큰 권력 그리고 공주를 얻게 된다. 하지만 그 과정에서 마음이 조금씩 무뎌지고 점점 자기중심적인 사람이 되고 만다.

이야기 중반부에서는 알라딘이 한층 더 이기적으로 변하고 그의 냉담함이 주변 사람들과의 관계에도 영향을 미치기 시작한다. 게다가 악당 자파와 그의 앵무새 조수 이아고는 알라딘을 제거하려고 애쓴다. 상황은 꽤 심각하다. 사실 알라딘이 처음 등장한 이야기 초반보다 훨씬 심각하다.

하지만 바로 다음 순간 알라딘은 자파를 물리치고 동시에 자신의 이기적인 성향을 극복하면서 마지막 소원을 빌었다. 아, 맞다, 스포일러 부분은 말하지 않겠다.

다시 말해 알라딘은 성공하는 순간까지 인생 최악의 시기를 겪는다. 책이나 영화 대본을 쓸 때 주인공의 여정에서 이 부분을 생략하는 것은 상상할 수 없다. 바로 이런 구간이 훌륭한 이야기를 만들고 이야기의 긴장감을 더하기 때문이다. 그렇다면 우리가 왜 우리 삶에서 이 부분을 건너뛰려 할까? 우리가 원하는 목표를 실제로 이루기 위해 거쳐야 할 모든 작은 단계는 우리 이야기를 더 훌륭하게 만들어 줄 것이다.

완벽주의는 성장의 적이다

앞서 아버지는 내가 하는 모든 일을 고치려는 강박적인 습관이 있었다고 이야기했다. 아버지의 기준은 모든 것이 완벽해야 한다는 것이었다. 내가 무언가의 나사를 조이면 아버지는 잘 조여졌는지 확인하고는 했다. 아버지와 함께 사는 동안 내가 뭔가를 제대로 했다고 느낀 적은 한 번도 없었다.

독재에 맞선 항거와 내전이 일상이던 니카라과 혁명 속에서 성장한 아버지는 완벽한 남성 우월주의 문화 속에서 자랐다. 아버지는 여러 가지 면에서 아주 좋은 분이었다. 자녀들을 지지하고 배려하면서 항상 곁에 있어 주었고 나와 내 형제자매에게 가장 좋은 것을 주고 싶어 했다. 하지만 나는 종종 완벽주의에 휘둘렸고 아버지의 높은 기준에 못 미치는 경우가 많았다. 아버지는 항상 "완벽해야 해. 완벽하게 할 수 없다면 시도하지도 마!"라고 말했다.

나는 오랫동안 달성하기 어려운 이 목표를 이루려고 애썼다. 아버지의 취향을 파악하고 아버지를 위해서 하는 모든 일이 완벽하게 이루어지도록 최선을 다했다. 그러나 내가 목표로 삼았던 지점은 애초에 현실에 존재하지도 않았다. 집 주변을 손보는 여러 가지 수리 작업을 했지만 내가 한 작업은 결코 만족스럽지 않았다. 나는 불가능한 일을 해내야 한다고 자신을 압박하고 있었다.

결국 완벽하기 위해 애쓰다가 끝없는 좌절을 맛본 끝에 끝내 포기하고 말았다. 난 더 이상 노력하지 않았고 내가 가족에게 부끄러운 존재, 아무것도 제대로 하지 못하는 뚱뚱하고 무능한 아이라는 사실을 받아들이기로 했다. 완벽할 수 없다면 노력하는 것 자체가 무의미했다.

완벽하게 해낼 것이냐 아니면 아무것도 하지 않을 것이냐, 이 두 가지 선택지밖에 없을 때 많은 이들은 후자를 택한다. 나도 그랬다. 제5장에서 얘기한 것처럼 우리는 극단적인 사회에 살고 있다.

• "케일을 먹지 않을 거라면 영양 성분은 신경도 쓰지 마."

- "철인 3종 경기에 나갈 정도로 몸을 만들든지 그냥 살찌는 대로 내버려 두든지."
- "백만장자가 될래? 아니면 지금의 지루한 본업을 유지할래?"
- "꿈꾸는 삶을 살 수 없다면 차라리 금욕주의자가 되는 편이 낫지."

우리는 선택지가 주어지면 결국 두 가지 길 가운데 하나를 고르게 된다. 처음부터 모든 것을 포기하거나 아니면 완벽한 수준에 이르려고 최대한 오래 노력하다가 결국 모든 것을 포기하는 것이다. 당신이 어떻게 생각하든 난 케일을 먹지 않을 것이다.

꿈꾸는 모든 것을 지금 당장 이루고 싶어 하는 사람들은 매일 이런 식으로 행동한다. 그러면서 목표를 당장 이루지 못하면 완전히 무너질 수밖에 없다고 느낀다.

우리는 달성이 아예 불가능하거나 눈에 보이지도 않는 목표를 선정하는 일이 종종 있다. 그러면 모든 노력이 실패로 끝날 수밖에 없으므로 자신감을 향한 여정이 방해를 받는다. 우리는 이런 무리한 목표를 높은 기준으로 착각한다.

그래서 '최대한' 높은 기준을 목표로 삼는 동안 자존감은 '최저'로 떨어질 수밖에 없다. 이제 이런 생각을 바꾸고 자신감에 대한 올바른 기대치를 정해야 한다. 지금 당장 승진을 요구할 만큼 자신감이 없을 수도 있다. 그래도 괜찮다. 그냥 당당하게 그동안 간절히 원했던 금요일 휴가를 요청해서 라스베이거스에서 3일간 긴 주말을 보내면 어떨까?

아직 과감하게 직장을 그만두고 자기 사업에 뛰어들 준비가 되지 않았을 수도 있다. 그렇다면 좀 더 작은 목표를 세우는 것이 어떨까? 하고 싶은 사업과 관련된 블로그를 시작하거나 진출하려는 업계에 관한 강좌를 들어 보자. 우리는 너무 어렵게 느껴지는 일을 목표로 삼은 탓에 쉽사리 시작하지 못하는 경우가 많다.

자신감을 키우는 여정을 지연시키는 방법은 많다. 하지만 마이크로 에너지와 마이크로 용기를 찾은 것처럼 이제 마이크로 행동을 시작해야 할 때다. 앞에서 마이크로 행동이란 사소한 일을 완료하고 그 일이 성공했든 아니면 두려움을 느꼈든 상관없이 이를 능력의 증거로 받아들이는 것이라고 정의했다. 일을 완료한 것 자체가 능력의 증거다.

연구원 제임스 맨디고James Mandigo는 최적의 도전을 통해 동기를 강화하는 방법을 연구했다. 그 결과 도전의 규모가 적절해야 우리가 추구하는 자신감을 얻게 될 가능성이 크다는 사실을 알아냈다.

"개개인이 너무 쉽지도 어렵지도 않은 최적의 도전 과제에서 성공하면 역량이 향상된다. … 그리고 양질의 주관적인 경험을 할 가능성이 높고 활동에 참여하려는 내적 동기를 품게 된다. … 하지만 도전 과제에 비해 실력이 부족할 때 등 지속적인 불균형에 노출되면

　　참가자는 좌절감이나 지루함을 느끼고 결국 활동에서 이탈하게 될 수 있다."[3]

　　과제가 너무 쉬우면 지루하고 실력도 향상되지 않는다. 반대로 과제가 너무 어려우면 좌절감을 느낀다.

　　우리는 애정 관계에서도 지나치게 비판적인 파트너나 자신의 발전에 도움이 되지 않는 파트너보다 상대의 발전을 격려해 주는 파트너를 원한다. 내 아버지가 기대와 긍정적인 피드백의 균형을 맞춰 주셨다면 나도 완전히 포기할 정도로 힘들어 하지는 않았을 것 같다. 과거의 어린 후안을 만나서 그 어떤 불완전한 행동이라도 아무것도 하지 않는 것보다 천 배는 낫다고 말해 주고 싶다.

　　도전에 성공하는 간단한 비결이 하나 있다. 날짜를 정하는 것이다. 당신이 품고 있는 큰 목표를 최대한 작은 행동, 아주 작디작은 단계로 세분화하자. 사업을 시작하고 싶은가? 처음으로 1달러를 버는 것도 훌륭한 첫걸음이다.

　　대중 연설가가 되고 싶은가? 페이스타임을 통해 사랑하는 이들을 대상으로 5분간 연설하는 것 정도는 손쉽게 할 수 있다. 아이들의 요청을 거절할 수 있는 자신감을 얻고 싶은가? '안 돼'라고 말하는 역할극 연습을 하는 것이 첫걸음이 될 수 있다.

　　자, 이제 목표를 세분화하고 가장 먼저 내디딜 작은 발걸음을 정했으면 그 일을 일정표에 적어 두자. 단 5분 만에 할 수 있는 일이라도 미리 일정을 잡아 두는 것이다. 그러면 계획을 더 세분화할 수 있다. 지금 당장 할 필요는 없다. 그냥 일정만 정해 두면 된다. 그러면 때가 되었을 때 이미 달력에 표시되어 있을 것이다.

바베큐 파티까지 5km를 뛰어간 이유

앞서도 말했지만 나는 오래전부터 달리기를 할 때마다 오른쪽 옆구리에 날카로운 통증을 느꼈다. 통증 전문의도 몇 명 만나 보았지만 다들 달릴 때 통증이 느껴지면 잠시 멈췄다가 통증이 사라지면 다시 달리라고 했다.

그래서 몇 년 동안은 그렇게 했다. 달리기를 할 때마다 처음에는 아주 잘 달리지만 100~150미터쯤 달리다 보면 오른쪽 옆구리에 강한 통증이 느껴졌다. 그러면 멈춰 서서 몇 분 기다리다가 통증이 가시고 편안해지면 다시 뛰었다. 전문가들이 그렇게 하라고 했기 때문이다. 게다가 통증은 좋지 않은 것이니 최대한 피하려고 애쓰는 것이 당연하지 않겠는가. 내심 이렇게 해야 더 큰 문제를 피할 수 있다고 생각했다. 통증을 참고 달리다가 무슨 일이 생길지 누가 알겠는가?

시간을 빨리 감아 몇 년 뒤로 넘어가 보자. 어느 날 아침 소파에 앉아 있는데 내 활력 측정기가 '나태함' 근처를 가리키고 있었다. 잠든 상태는 아니었지만 솔직히 잠을 자는 편이 더 생산적이었을지도 모른다. 지루함을 느끼면서 게으름을 피우고 있었고 그날 종일별다른 계획도 없었다. 그래서 제목도 기억나지 않는 넷플릭스 프로그램을 열 시간씩 몰아 보며 낮 시간을 허비할 뻔했다.

그러던 중 누군가 나를 바비큐 파티에 초대했다. 그 상황에서 초대의 무게를 좀 과장했을지도 모르지만 어쨌든 내게는 다음과 같은 선택지가 있었다.

선택 1: 저 네모 상자가 나를 좀비로 만들 때까지 지켜보는 것

선택 2: TV를 끄고 친구들을 만나러 가서 세상을 구하는 것, 아니면 적어도 내 하루에 의미를 불어넣는 것

몇 시간씩 TV 드라마를 몰아 보고도 잘 살아가는 이들이 물론 많겠지만 내가 결국 TV를 끄고 친구 집에 가기로 한 것은 정말 잘한 결정이었다. 게다가 어떤 이유에서인지 그냥 친구 집에 가기만 하는 것이 아니라 거기까지 '달려'가기로 마음먹었다. 나는 그때까지 살면서 200미터 이상 계속 달려본 적이 없었다. 단 한 번도. 10대 시절에 축구를 할 때도 마트에 달려갈 때도 그랬다. 하지만 그날은 무슨 이유 때문인지 5킬로미터쯤 되는 거리를 다 달려가기로 결심했다.

예상대로 150미터쯤 달리자 오른쪽 옆구리가 평소처럼 욱신거렸다. 몇 년 동안 통증이 나타나는 순간 바로 멈추는 훈련을 해 온 나는 뇌가 "좋아, 후안! 이제 멈춰야 해." 하고 말하는 것을 들었다. 하지만 왜 그랬는지 몰라도 나는 계속 달렸다.

목소리가 더 커졌다. "저기, 후안? 옆구리가 아프지? 이제 멈춰야 해!" 하지만 나는 50미터를 더 달렸다.

"후안! 멈춰. 당장!" 그 목소리는 달리기를 멈추지 않으면 분명히 일어날 온갖 나쁜 일들을 떠올리게 했다.

- "이러다 신장이 파열될 거야."
- "몸 안에 있는지도 몰랐던 아주 중요한 장기가 부서질지도 몰라."
- "알 수 없는 이유로 몸의 기능이 멈춰서 한 걸음도 내딛지 못하게 될 거야. 이게 다 내 몸을 제대로 돌보지 않았기 때문이야."

하지만 보라. 난 지금 이렇게 멀쩡히 글을 쓰고 있지 않은가? 잠시 목소리와 싸우는 사이에 통증은 사라졌고 나는 전혀 아프지 않은 상태로 달리기 시작했다.

물론 매일 아침 룰루레몬 러닝복을 차려입고 5킬로미터씩 달리는 사람이라면 고통에 굴하지 않고 1킬로미터도 채 안되는 거리를 달리는 것쯤은 아무 일도 아닐 것이다. 하지만 내게는 정말 인생이 바뀌는 순간이었다. 평생 시작-고통-기다림을 반복하며 살아왔는

데 몇 초간 약간의 통증만 견디면 갑자기 통증이 싹 사라지고 자유로워질 것이라고는 상상도 못했다! 그렇게 5킬로미터를 달린 끝에 옆구리 통증 없이 친구 집에 도착했다. 지금은 아무 통증 없이 멈추지 않고 16킬로미터를 달릴 수 있다.

물론 이 책은 달리기에 관한 책이 아니고 나도 그 분야의 전문가가 아니다. 이 책은 그 과정에 대해서 이야기한다.

바비큐 파티 장소까지 달려간 것은 작은 승리다. 이는 아주 중요한 사실을 보여 준다. 혼란 속에서 엉망으로 하는 행동도 아예 안 하는 것보다는 낫다는 것이다.

* * *

이 이야기에서 가장 마음에 드는 점이 무엇인지 아는가? 나는 모델처럼 차려입고 친구 집에 나타나지 않았다. 땀에 흠뻑 젖고 더러워진 상태로 도착했다. 내 달리기는 완벽과는 거리가 멀었다.

하지만 어쨌든 그곳에 도착했다. 중요한 것은 '행동하지 않으면 결코 목적지에 도달할 수 없다'는 것이다. 아무리 적절한 에너지와 용기를 다 갖추고 있더라도 언젠가는 반드시 움직여야 한다. 과감하게 나서야 한다. 아주 큰 일일 필요는 없다. 작더라도 무언가를 해야 한다.

자, 지금 당장 시작할 수 있는 마이크로 행동을 몇 가지 찾아서 시작해 보자.

목표는 구체적일수록 좋다

당신이 추구하는 일은 무엇인가? '자신감을 더 키우는 것'만으로는 충분하지 않다. 좀 더 구체적인 목표가 무엇인지 잘 생각해 보자. 내가 말하는 목표의 예를 몇 가지 들어 보겠다.

- 올해 말까지 18킬로그램 감량하기
- 서른다섯 살이 되기 전에 다시 학교 다니기
- 3년 안에 가정 꾸리기
- 이번 분기 말까지 승진하기
- 내년 여름 여행 전에 제2외국어 배우기

각 목표마다 정해 놓은 기간을 주기적으로 점검하면서 목표 달성을 지체하지 말자. 구체적으로 어떤 목표를 향해 움직일지 정했다면 이제 다음 단계는 분명하다. 바로 그다음에 필요한 단계로 나아가는 것이다.

- 18킬로그램 감량을 시작하기 위해 할 수 있는 일이 한 가지 있다면 무엇인가?
- 다시 학교에 다니겠다는 목표를 이루기 위해 할 수 있는 작은 일은 무엇인가?

- 그 언어를 배울 일정을 정하려면 어떻게 해야 하는가?

당신이 할 수 있는 일을 통해 인생이 1센티미터라도 앞으로 나아가거나 1퍼센트라도 바뀐다면 이 책은 이미 제 역할을 다한 것이다. 내 목표는 이 장이 끝날 무렵까지 당신 삶을 극적으로 바꾸는 것이 아니다. 더 큰 목표를 향해 나아가는 과정에서 하찮아 보이지만 점진적인 진전이 얼마나 가치 있는지 깨닫게 해주고 싶다. 그리고 그 작은 발걸음을 기념해야 한다!

스콧의 30분 걷기

스콧은 어릴 때부터 운동에 관심을 둔 적이 없었다. 그는 전과목에서 A를 받는 학생이었고 학생회장이었으며 좋은 친구들도 있었다. 하지만 그렇게 비상한 두뇌에는 대가가 따랐으니 그는 신체적인 것들은 완전히 무시했다. 친구와 가족은 스콧이 운동과 관련된 것은 아무것도 할 수 없다는 농담을 던지고는 했다. 누군가 그에게 쓰레기를 버려 달라고 부탁하면 곧바로 "다치지 않게 조심해! 그 정도도 너한테는 꽤 힘든 유산소 운동이라는 걸 알아야지."라는 말이 뒤따랐다.

스콧은 평소에는 그런 말에 전혀 신경 쓰지 않고 그냥 살던 대로 살았다. 도서관에 가면 항상 그를 찾을 수 있었다. 하지만 그는 운동을 좋아하는 친구들이나 멋진 몸매를 가진 사람들이 부러웠고 자기 삶의 그 부분에 발을 들여놓고 싶었다. 그러나 지금껏 헬스장에는 한 번도 가본 적이 없었다.

마침내 스콧은 목표를 달성하기 위해 놀라운 한 걸음을 내디뎠다. 특별히 어떤 '운동'을 하겠다고 결심한 것은 아니다. 대신 헬스장까지 걸어가는 것으로 체력 단련을 위한 여정을 시작했다. 교내에 있는 헬스장까지 걸어갔다가 바로 돌아서서 집으로 향하기로 했다. 편도 15분 거리니까 적어도 30분은 걸을 수 있을 것이다.

혼자 헬스장에 가서 사용법도 모르는 운동 기구를 멍하니 바라보는 데 자신감이 얼마나 필요한지 아는가? 정말 많은 자신감이 필요하다. 하지만 헬스장까지 걸어갔다가 돌아서는 데는 자신감이 얼마나 필요할까? 아주 조금만 있어도 될 것이다.

어느 날 스콧이 평소처럼 헬스장까지 걸어갔다가 다시 집으로 돌아가는 루틴을 진행하고 있을 때 헬스장으로 향하던 누군가가 스콧을 지나쳐 가다가 멈춰 서서 말을 걸었다.

"안녕하세요! 매일 헬스장에 나오시죠? 이름이 뭐예요?"

순간 사기꾼이 된 듯한 기분이 든 스콧은 "네, 제 이름은 스콧입니다. 저도 몸을 단련하려고 노력 중이에요. 그런데 어떻게 해야 할지 잘 모르겠네요."라고 대답했다.

그 남자는 스콧을 잠시 쳐다보다가 불쑥 말했다. "내일 만나서 같이 운동할래요?" 스콧도 동의했다. 다음날 두 사람은 다시 만나 운동을 했다. 놀랍게도 스콧은 본인의 운동 실력이 생각보다 나쁘지 않다는 것을 알게 되었다. 요즘 스콧은 헬스장에 꾸준히 다니고 있다.

스콧이 지금과 같은 상태에 도달하기까지 거친 걸음마 단계들을 모두 살펴보자.

마이크로 행동 1: 헬스장까지 걸어간다.

마이크로 행동 2: 낯선 사람에게 운동하는 법을 잘 모른다고 솔직하게 말한다.

마이크로 행동 3: 새로운 친구와 함께 헬스장에 가서 운동을 한다.

스콧은 친구를 사귈 생각은 없었지만 헬스장까지 걸어가기로 결정하면서 의도적으로 첫 번째 마이크로 행동을 취했다. 그 행동 덕분에 자연스럽게 누군가와 마주쳐 이야기를 나누게 되었고 솔직한 태도가 튀어나왔다. 그 순간 상대방은 스콧에게 도움이 필요하다는 것을 직감했고 스콧이 솔직해지는 데는 그리 많은 노력이 필요하지 않았다. 스콧의 새로운 지인은 다음날 운동하러 가자고 권했고 운동에 대해 잘 아는 사람과 함께하니 헬스장에 가는 것이 훨씬 수월했다.

이 과정을 거치는 동안 스콧의 자신감은 점점 커졌다. 헬스장까지 걸어갔다, 친구를 사귀었다, 그들은 나를 비웃지 않았다, 나를 어딘가로 초대했다, 그곳에서 운동을 했다.

이것이 바로 실시간으로 작동하는 자신감 사이클이다!

작은 것을 기념하자

아기가 걸음마를 배울 때, 처음으로 자리에서 일어선 아기를 본 부모의 반응은 어떨까? 펄쩍펄쩍 뛰고 박수를 치고 환호하면서 아기에게 '네가 얼마나 튼튼한지 또 얼마나 놀라운 발전을 이루었는지' 이야기한다. 아기가 첫걸음을 내딛으면 또 어떨까? 더 큰 축하가 이어지고 이 기념비적인 성취를 담기 위해 카메라를 꺼내 든다.

처음에는 아기가 겨우 한 걸음 내딛다가 넘어진다. 그다음에 더 많은 박수와 격려를 받은 아기는 두 걸음을 내딛는다. 그러다가 마침내 세 번째에는 거실을 가로질러 가서 부모의 품에 안긴다.

아기가 걷는 법을 배우는 과정이 왜 놀랍고 흥분되는지 다들 알고 있다. 아기의 다리는 마치 젤리 같아서 서 있는 것 자체가 대단한 일이다. 그러다 걸을 수 있을 만큼 자라면 춤을 추거나 달리는 등의 놀라운 활동을 시작할 수 있다. 이 작은 승리가 무한한 가능성의 문을 열어 주는 것이다.

우리는 삶의 다른 영역에서 걷는 법을 배우지만 성장할 때는 한 걸음 내딛을 때마다 축하하는 것은 잊어 버린다. 좋은 성적이나 스포츠 분야에서의 성취처럼 실용적인 업적에 대해서만 칭찬하는 경우가 많다. 아니면 고등학교나 대학교 졸업처럼 축하의 기준을 너무 높게 정하는 바람에 축하할 일이 거의 없을 수도 있다. 이런 중요한 순간만 축하하다 보면 그 이전에 있었던 모든 성취를 놓칠 수 있다.

중요한 순간만 축하하는 것은 정체성이 바뀐 뒤 갑자기 자신감이 솟구치기를 기대하는 것과 같다. 자신감은 중요한 순간에만 찾아볼 수 있는 것이 아니라 보잘것없는 발걸음을 통해 발전한다는 사실을 기억하자.

내가 걸음마를 배울 때 썼던 한 가지 방법은 일관성을 유지하는 법을 배우고 일단 시작한 일을 해낼 때마다 축하하는 것이었다. 처음에는 그냥 매일 아침 침대에서 일어나는 것을 목표로 삼았다. 이렇게 운동을 시작하거나, 아침에 5분간 일기 쓰는 습관을 들이거나, 새로운 사람에게 연락을 취할 때마다 축하할 수도 있다. 작지만 축하받은 승리들이 모여서 훨씬 큰 성취로 이어진다.

아무도 보지 못하는 작은 행동

과거 농구 선수로 활약한 제이 윌리엄스Jay Williams가 코비 브라이언트Kobe Bryant와의 경기 경험을 회상한 적이 있다. 윌리엄스가 속한 시카고 불스가 코비가 소속된 로스앤젤레스 레이커스와 경기를 치르던 날 아침, 윌리엄스는 남들보다 앞서 나가고 싶어서 일찍부터 연습을 시작하기로 했다. 경기장에 도착한 그는 땀에 흠뻑 젖은 코비를 봤다. 그는 이미 한 시간 넘게 연습을 한 상태였는데 그 후에도 30분간 자리를 떠나지 않았다. "그는 어디에 있든 가장 먼저 도착

222

하고 가장 늦게 떠나는 선수였다. … 그의 성취는 본인의 잠재력을 최대한 발휘하려고 매일 노력하는 데서 비롯되었다."[4]

레이커스는 그날 밤 불스를 상대로 승리를 거두었고 코비는 총 40점을 득점했다.

전 세계 수백만 명의 관중이 코비의 이름을 연호하는 것은 그가 단 한 번의 승리에 집중했기 때문일까? 그가 적절한 순간에 덩크슛을 하거나 기회가 왔을 때 득점할 수 있으리라는 희망과 기도에만 의지하여 코트에 들어섰을까? 절대 아니다.

코비는 매일 밤낮으로 목표를 향해 노력했고 본인의 능력이 자신감을 뒷받침할 때까지 연습을 거듭하며 기량을 갈고닦았다. 그는 혼자 있을 때 이미 수백 번 실수를 저질렀기에 남들 앞에서 실수할까 봐 걱정할 필요가 없었다. 그는 환호하는 팬들이 지켜보는 코트가 아니라 텅 빈 체육관에서, 자신이 흘린 땀방울 아래서 자신감을 찾았다.

그렇다고 새벽 3시에 텅 빈 체육관에 가서 자신감을 키우라는 말은 아니다. 한밤중이나 이른 아침의 거실에서, 공부할 때나 발표를 연습할 때, 공들여 글을 쓸 때, 완벽한 옷을 찾았을 때, 피아노를 칠 때 등 아무도 보고 있지 않을 때도 자신감을 찾을 수 있다는 이야기다. 천 걸음, 이천 걸음에서 멈추지 말자. 아니, 몇 걸음을 걸었든 멈추지 말고 그냥 계속 나아가자.

이를 활용해 자신감을 키우는 방법을 알려 주겠다. 두 달 뒤에

30분짜리 프레젠테이션을 해야 한다고 가정해 보자. 먼저 할 일은 전체 내용을 20분짜리 연습 세션으로 나누는 것이다. 첫 주에는 프레젠테이션의 처음 5분에만 집중한다. 처음 5분간의 발표 내용에 자신감이 생기면 다음 10분으로 넘어간다. 발표 내용이 익숙해질수록 자신감이 생기고 무대를 뒤흔들 준비가 될 것이다.

혹은 직장에서 맡은 새로운 리더십 역할에 대한 자신감을 키우고 싶다고 가정해 보자. 매일 업무를 시작하기 전에 30분씩 팀원들에 대해 자세히 알아보고 현재 진행 중인 프로젝트를 검토한다. 새로운 역할을 어느 정도 이해했다고 판단되면 그다음에 취해야 할 작은 행동은 전에 이 직책을 맡았던 상사에게 연락해 멘토링을 부탁하는 것이다.

이런 행동 하나하나가 깜짝 놀랄 만한 변화를 가져오는 것은 아니지만 이것이 모여서 자신감을 형성하는 토대가 된다. 아무도 지켜보지 않을 때도 우리는 마이크로 행동을 통해 자신감을 얻는다.

다비드상은 하루아침에 조각되지 않는다

1501년, 미켈란젤로는 오페라 델 두오모를 위한 조각상을 제작해 달라는 의뢰를 받았다. 그리고 이 작업에 쓸 '거인'이라는 별명이 붙은 거대한 대리석을 받았다. 이 돌은 몇몇 예술가들이 '대리석 결에 결함이 있다'고 주장한 뒤 40년 동안 버려져 있었던 가공이 불가능한 돌이었다. 게다가 피렌체 대성당에서 오랜 세월 비바람에 노출된 탓에 표면이 거칠어져 상태가 더 악화되었다. 하지만 미켈란젤로는 돌의 명백한 결함에도 불구하고 이 도전을 받아들였고 세심한 노력을 기울여 그 유명한 다비드상을 조각했다.[5]

평범한 돌덩이가 언제 조각상으로 변하는지 아는가? 예술가가 작품이 완성되었다고 판단할 때일까? 아니면 다른 예술가가 "정말 근사한 조각상이네요."라고 말할 때일까?

마이크로 행동 하나하나마다 또 다른 돌조각이 깎여 나간다. 아무리 힘을 써도 그 아래에 숨겨져 있는 조각상이 더 빨리 드러나지는 않으니 시간을 충분히 두어야 한다. 지금 당장은 미켈란젤로의 다비드상처럼 느껴지지 않을지도 모른다. 하지만 한 조각씩 계속 다듬다 보면, 다비드상을 조각하는 데 쓰였던 가공 불가능한 돌처럼 아무리 거친 돌도 결국 독립성과 힘의 영원한 상징이 될 수 있다.

미켈란젤로가 한 일에 주목하자. 그는 하룻밤 새에 돌덩어리를 깎아 완벽한 작품을 만든 것이 아니다. 내가 달리기를 배울 때 그랬던 것처럼, 이런저런 불편함이 있어도 끌질을 멈추지 않고 계속해 나가기로 결심한 것이다.

미켈란젤로는 대부분의 시간을 혼자 작업했으니 코를 조금 더 완벽하게 만들거나 어깨를 조금 더 둥글게 다듬어 나가는 순간에도 본인 외에는 축하해 줄 사람이 아무도 없었을 것이다.

자신감 목표를 달성하려면 내가 이야기 속 주인공이 되어 작은 행동이라도 취하면서 바로 시작해야 한다는 것을 명심하자.

제8장에서는 체중 감량부터 육아까지 주변에서 흔히 볼 수 있는 자신감 시나리오 10가지를 분석한 뒤 목표를 향해 나아갈 때 취할 수 있는 구체적인 작은 행동을 알려 줄 것이다.

작은 실천

이 과정을 아주 쉽게 설명하겠다. 먼저 큰 목표를 적고 그 목표를 달성하기 위해 할 수 있는 다음 행동을 적는다. 마지막으로 이를 일정표에 적는다.

큰 목표를 향해 작은 걸음을 내딛는 데 도움이 되는 세 가지 규칙

1. **큰 목표를 정하고 날짜를 적는다**: 2027년까지 보스턴 마라톤에 참가하고 싶다.
2. **너무 쉽지도 어렵지도 않은 마이크로 행동을 선택한다**: 러닝화

를 산다.

3. 마이크로 행동을 할 날짜를 정한다: 이번 주말에 러닝화를 산다. 물론 이런 일을 다 해도 보스턴 마라톤에 훨씬 가까워졌다는 기분이 들지 않을 수 있다. 하지만 당신은 제8장의 내용을 아직 읽지 않았다. 다음 장에서는 작은 움직임이 모이면 얼마나 강력한 힘을 발휘하는지 보여 줄 것이다.

제8장

큰 목표일수록 잘게 쪼개서 접근한다

무위는 의심과 두려움을 낳는다. 실천은 자신감과 용기를 낳는다. 두려움을 극복하고 싶다면 집에 앉아 생각만 하지 말고 나가서 바쁘게 움직여야 한다.

_ 데일 카네기Dale Carnegie, **자기계발 구루**

이번 장은 구성 방식이 조금 다르다. 당신이 자신감을 키우고 싶은 분야에서 지금 당장 활용할 수 있는 열 가지 마이크로 행동을 모아 보았다.

기구를 들기 전에 러닝머신에서 걷기

헬스장에 다니는 이들은 정말 좋은 사람들이지만 처음에는 조금

위압감이 느껴질 수도 있다. 처음 가는 사람 입장에서는 복잡한 기구를 다루는 방법을 정확히 알고 있는 운동 고수들로 가득한 헬스장에 가는 것만큼 겁나는 일도 없다. 사실 몸매를 가꾸려는 사람이 직면하는 가장 큰 심리적 장벽 가운데 하나는 다른 사람들 앞에서 어색한 모습을 보이는 것이 부끄럽다는 것이다. 그렇다면 지금 당장 헬스장에서 자신감을 키울 수 있는 방법을 알려 주겠다.

이전 장에서 스콧 이야기를 했다. 그는 매일 30분씩 헬스장까지 걸어갔다가 돌아오는 일만 반복했는데 헬스장이 걸어갈 수 있는 거리에 있다면 이 방법도 효과적이다. 하지만 그렇지 않다면 이렇게 한번 해 보자.

헬스장에 가서 러닝머신에서 30분 동안 걷는다. 다른 기구는 전부 무시해도 된다. 몇 번 다니면서 30분씩 걷는 데 익숙해지면 주변을 둘러보면서 너무 겁먹지 말고 배우고 싶은 기구를 하나 골라 다른 사람들이 그 기구를 사용하는 모습을 관찰한다. 일주일 정도 지나면 러닝머신 이외에 다른 기구 하나쯤의 사용법은 익힐 수 있을 것이다. 이런 식으로 계속하다 보면 며칠마다 사용 가능한 기구가 한두 대씩 늘어난다. 그리고 결국 다른 사람에게 기구 사용법을 물어볼 수 있을 만큼 자신감도 생길 것이다.

빚이 산더미라면 일단 뱅킹 어플을 켜라

벤은 서른두 살이고 미혼인데 돈을 거의 모으지 못했다. 이유는 바로 신용카드 빚 때문이다. 참가비가 너무 비싼 주말 콘퍼런스에 등록하느라 생긴 빚이 눈덩이처럼 불어났다. 우리가 재정 문제에 있어서 복리 효과를 기대하는 것은 투자한 돈에 대해서이지 빚에 붙는 이자는 결코 아니다.

벤은 물가가 꽤 비싼 대도시에 살고 또 자기보다 재정적으로 여유로운 친구들과 어울린다. 그는 주변 사람들에게 뒤지지 않으려고 돈을 흥청망청 쓰면서 가장 세련된 재정 전략인 '회피'를 실천한다. 신용카드 명세서는 쳐다보지도 않고 꼭 필요한 경우가 아니면 온라인 뱅킹에도 접속하지 않는다. 그러면서 상황이 저절로 나아지기를 바라는 희망 전략을 실행한다.

어느 날 벤은 친구 드류와 이야기를 나누었다. 사업가인 드류는 재정적으로 안정된 상태고 부채는 전혀 없으며 10만 달러가 넘는 투자 포트폴리오를 보유하고 있다. "벤, 너도 이제 서른두 살인데 언제쯤 재정 문제를 진지하게 고민할 거야?" 드류가 물었다. 벤은 평소처럼 "난 젊으니까 시간이 있어."라고 말했다.

드류는 잠시 말을 멈췄다가 이렇게 충고했다. "잘 들어. 네 재정 상황을 들여다보기가 무섭다는 것은 알아. 하지만 이 문제를 제대로 파악해 두지 않으면 평생 뒤처진다는 생각이 들 거야." 이는 공식적인 외부의 개입이었다.

벤은 자신의 재정 상황을 확인한다는 생각만 해도 너무 무섭고 속이 메스꺼울 정도였다. 하지만 무언가 변화가 필요하다는 것은 알고 있었다.

드류와 대화를 나눈 벤은 온라인 뱅킹에 접속해 용감하게 자신의 재정 상황을 살펴봤다. 그리고 첫 번째 단계로 신용카드 하나에 연체된 대금 중 100달러를 갚기로 결심했다.

첫 100달러를 갚음으로써 그는 자신이 작은 행동을 취할 수 있다는 사실을 스스로 증명했다. 그리고 이런 식으로 계속 반복하면 상황을 바꿀 수 있으리라는 것도 깨달았다. 빚을 갚기 시작하자 저축을 시작할 용기가 생겼고 빚을 갚는 행위를 통해 여분의 돈을 벌 에너지를 얻었다. 아직 목표 달성까지는 멀었지만 이제 벤은 주식시장뿐 아니라 자신에게도 투자할 수 있다는 자신감을 얻었다.

만약 당신도 이런 상황이라면 지금 당장 실행할 수 있는 마이크로 행동이 있다.

> **마이크로 행동:** 부채 중 하나를 소액이라도 갚는다. 재정 상담 전문가인 데이브 램지의 말처럼 규모가 가장 작은 빚을 골라 조금씩 갚아 나가자. 다음에 여유가 생기면 또 갚고 갚는 액수를 50달러 정도씩 늘리는 것도 좋다. 이런 식으로 계속 가속도를 붙이자!

공을 튀기는 법을 알아야 슛을 던질 수 있다

새로운 친구를 사귈 수 있는 멋진 아이디어를 지닌 사람들이 많다. "새로운 동네 농구팀에 가입해야겠어!" 좋은 생각이다. 하지만 막상 그곳에 가 보면 모든 게 예상보다 훨씬 어려워 보인다. 당신만 빼고 모두들 경기가 어떻게 진행되는지, 어떤 신발을 신어야 하는지, 누구에게 패스해야 하는지 등 규칙을 다 알고 있는 듯하다.

자, 이럴 때 필요한 아이디어를 하나 알려 주겠다. 농구 또는 배구나 피클볼 팀에 가입하기 전에 공을 사서 매일 밤 30분씩 가지고 노는 것이다. 슛을 던지는 법과 득점하는 법을 배우자. 룸메이트나 배우자가 있다면 함께 연습해도 좋다. 야구나 소프트볼의 경우 배팅 케이지에 가서 공을 쳐보는 것도 방법이다. 기본적인 방법을 익히면 스포츠에 대한 두려움이 훨씬 줄어들 것이다.

자기만의 사업을 시작하는 팁

이 방법은 페이스북과 민트에서 근무한 뒤 여러 가지 사업을 시작한 억만장자 노아 케이건Noah Kagan에게서 들은 것이다. 그는 이 기술로 시작한 완벽한 사업 전략을 가지고 있다. 〈뉴욕 타임스〉 베스트셀러인 《나는 주말마다 10억 버는 비즈니스를 한다》에서 확인해보자.

누구나 사업을 하고 싶어 한다. 나는 사업을 시작하고 싶지만 자신감이 부족한 이들과 많이 만나고는 한다. 그들은 어쩌면 자기가 그린 그림을 친구에게 몇 점 선물하거나 이웃을 위해 무료로 정원일을 도와준 뒤 '이 일이 본업보다 훨씬 즐겁네. 이걸로 수익을 올려야겠다'라고 생각했을지도 모른다. 하지만 자기 사업을 시작하는 것은 결코 쉽지 않아 보인다. 제품을 어떻게 팔지, 자금은 어디서 조

달할지, 회계 문제는 어떻게 처리할지, 당장 돈은 어떻게 벌지 고민
이 생길 수밖에 없다.

지금 당장 실행에 옮길 수 있는 아주 좋은 방법이 있다. 누군가에
게 첫 1달러를 보내 달라고 요청하는 것이다. 가장 친한 친구 몇 명
에게 문자 메시지를 보내 보자. "안녕, 나 사업을 시작하려고 하는
데… 혹시 1달러를 보내서 나를 응원해 줄 수 있겠어?"

장담하건대 누군가는 반드시 당신을 응원하기 위해 1달러를 보
내 줄 것이다. 짜잔! 새로운 사업을 통해 처음으로 1달러를 벌었다.
이 과정에서 누군가가 당신이 하는 일, 당신의 본모습 그리고 당신
이 경영할 미래의 회사를 진심으로 믿어 주고 있다는 자신감을 얻
을 수 있다!

마이크로 행동: 친구 몇 명에게 문자를 보내 당신이 하는 새로운 사업
을 응원하기 위해 1달러를 보내 줄 수 있는지 물어보자. 누군가 보내
주면 새 사업으로 처음 번 1달러를 벽에 붙여 두자. 당신은 이제 자신
만의 사업을 시작하게 되었다.

새 친구를 사귀고 싶다면

제2장에서 얘기한 알렉스는 사교적인 사람이 되고 싶었지만 코로나19 때문에 그와 정반대인 은둔 생활을 하게 되었다. 팬데믹이 끝나고 다들 정상적인 삶으로 돌아가기 시작할 무렵 알렉스는 극도로 위축되어 심한 사회불안장애를 앓고 있었다. 그래서 매일 일거리를 들고 좋아하는 카페에 가서 작업을 하기 시작했다.

어려울 것 없이 간단하다. 노트북을 들고 카페에 가서 일을 하자. 중요한 것은 한동안 같은 카페에만 가야 한다는 것이다. 처음에는 누군가와 대화를 나눌 정도의 자신감도 필요 없다. 그곳 단골들과 얼굴이 익으면 자연스럽게 말을 할 기회가 생길 것이다. 최소한 바리스타들은 당신에게 익숙해질 것이다.

이 방법은 학생, 재택근무자, 심지어 일반 사무직 종사자에게도 효과적이다. 좋아하는 책을 들고 30분 정도 카페에서 시간을 보내보자. 틀림없이 효과가 있을 것이다.

> **마이크로 행동:** 노트북이나 책을 들고 몇 주 동안 같은 카페에 가 보자. 시간이 지나면 단골들이 눈에 익기 시작할 것이다. 다음에는 대화를 시작하는 데 도움이 될 가벼운 주제를 찾아보자.

예전에 미셸이라는 젊은 여성이 자기 주변에는 남자가 너무 없다고 불평했다. 그랬더니 친구가 미셸에게 주로 어디서 시간을 보내느냐고 물었다. 미셸은 전문 무용수로 일했기에 모든 시간을 무대 공연이나 발레 수업에 쏟았다. 미셸이 운영하는 발레 클래스에는 남자가 몇 명이나 있었을까? 전혀 없었다.

다행히 친구가 좋은 조언을 해 주었다. 홈디포Home Depot(건축 자재나 인테리어 용품 전문 소매업체—옮긴이)에서 시간을 보내라고 한 것이다. 어쩌면 이 아이디어는 친구 머리에서 나온 것이 아닐지도 모른다. 브리트니 휴고붐이라는 브라질 패션모델이 트위터에서 미혼 여성들에게 이와 똑같은 제안을 했다는 이야기를 들었다.

어쨌든 미셸은 그 조언에 따랐고 심지어 목공 수업까지 들었다. 그 수업에서 만난 사람과 데이트를 하지는 않았지만 무언가를 배운 것은 분명하다. 집을 리모델링해서 파는 일에 관심을 갖게 되었고 그 과정에서 미래의 남편이 될 남자를 만났으니 말이다. 현재 그녀는 결혼해서 아이까지 있다.

말도 안 되는 이야기 같을 수도 있겠지만 그래도 남자를 찾으려면 남자들이 많이 모이는 곳에 가야 한다. 반대로 여자를 만나려면 필라테스를 해보는 것이 어떨까? 먼저 나서서 데이트 신청을 할 필요도 없고 그냥 그곳에 가기만 하면 된다.

사랑에도 자신감이 필요하다

제임스라는 친구가 있다. 그에게는 열세 살 된 사랑스러운 딸이 있지만 안타깝게도 아내는 잦은 다툼 끝에 다른 사람과 새로운 삶을 시작하기 위해 그들을 떠났다. 그는 이제 나이 든 싱글 대디 처지가 되었다. 누군가 그를 자신감이 산산조각 난 상태라고 말한다 해도 상당히 절제된 표현일 것이다. 싱글 대디의 로맨스 세계에 다시 활력을 불어넣으려면 어떻게 해야 할까? 가족 중심적인 장소를 어디서 찾을 수 있을까?

다행히도 제임스는 친척에게 지역 교회의 성경 공부 모임에 참여해 보라는 놀라운 조언을 들었다. 이런 장소는 술집보다 가족 친화적인 경우가 많고 엄밀히 말해 데이트가 목적인 모임이 아니므로 부담감이 덜하다.

독서 클럽, 취미 스포츠 팀, 자녀가 다니는 학교에서의 자원봉사 등 활기를 되찾을 수 있는 방법은 여러 가지가 있다. 자녀가 있는 사람은 보육 시설이 있는 장소나 자기 아이와 비슷한 또래의 아이를 둔 사람들이 많은 곳을 찾아 가야 한다. 그러면 아이도 친구를 사귈 수 있고 그사이에 부모들은 이야기를 나누고 서로 소통할 시간을 가질 수 있다.

리뷰 한 줄이 콘텐츠의 시작이 된다

요즘에는 동영상 콘텐츠, 블로그, 팟캐스트 등을 통해 크리에이터 활동을 하고 싶어 하는 이들이 많다. 하지만 대부분 시작할 자신감이 부족하다고 토로한다. 좋은 아이디어는 어떻게 찾을지, 사람들이 내가 하는 말을 좋아하기나 할지, 과연 내 콘텐츠를 '좋은 것'이라고 할 수 있을지 걱정이 되는 것이다.

나 역시 온라인에서 계속 사람들 관심을 끌어야 하는 대중 강연자인만큼 새로운 콘텐츠를 생각해 내거나 그것을 게시할 자신감을 갖기가 얼마나 어려운지 잘 안다. 한 가지 아이디어를 알려 주자면, 다른 콘텐츠를 리뷰하는 것부터 시작해 보자. 그렇게 하면서 자신의 의견을 자연스레 제시할 수 있다.

가을에 입을 옷 열 가지에 대한 블로그 글을 작성하는 대신 다른 사람들이 뭐라고 말했는지 찾아보고 그들의 아이디어를 블로그에 올린 뒤 출처를 밝히는 식이다.

아니면 본인의 새로운 철학에 관한 팟캐스트를 만들기보다 〈올인〉All-In, 〈후버만 랩〉Huberman Lab, 〈조 로건 익스피리언스〉The Joe Rogan Experience, 〈콜 허 대디〉Call Her Daddy 같은 유명 팟캐스트(각각 기술·경제, 건강·과학, 장시간 인터뷰, 연애·문화를 다루는 팟캐스트—옮긴이)의 내용을 논평하는 방송을 만들어 보자.

> **마이크로 행동:** 다른 사람이 만든 콘텐츠에 대한 논평을 담은 첫 번째 게시물을 블로그, 팟캐스트 또는 유튜브에 게시한다. 자신감이 붙어서 내용을 조금 더 확대해 본인의 생각을 말할 수 있을 때까지 이 과정을 몇 번 반복한다.

전문가를 귀찮게 괴롭혀라

나는 MBA 학위를 취득하고 성공적인 사업을 꾸려 온 매우 똑똑하고 유능한 여성을 알고 있다. 그런데 그녀는 최근 5년 동안은 전업주부로 살았다. 그렇게 몇 년간 업계를 떠나 있었던 탓에 경험과 경력 면에서 많이 뒤처졌다는 기분이 들어 다시 일에 복귀하기 힘들 것 같다고 말했다.

이렇게 인생의 새로운 국면을 맞이해 직장에 복귀할 준비가 되었지만 여러 가지 두려움이 앞선다면 지금 당장 실행할 수 있는 작은 방법이 하나 있다. 당신이 일하고 싶은 분야에서 일하고 있거나 원하는 직업을 가진 사람 스무 명에게 이런 메시지를 보내는 것이다. "이 분야의 전문가이신 듯한데 어떻게 하면 이 분야에 진출할 수 있는지 궁금합니다."

그들에게 어떻게 지금의 위치에 오르게 되었는지 물어보자. 그리고 얘기가 잘 되면 어떤 일을 하면서 그렇게 성공했는지 직접 보고 싶어서 그러는데 혹시 직접 가서 무료로 일을 도와줘도 되는지 물어보자.

답장을 받지 못할 수도 있고 거절당하는 경우도 있을 것이다. 하지만 메시지를 많이 보내다 보면 누군가는 허락해 줄 것이다.

그러니 육아나 질병이나 기타 다른 이유로 직장을 그만두었다가 이제 다시 시작할 준비가 되었다면 작은 발걸음을 내디뎌 보자.

가족에게도 적절한 거리가 필요하다

내가 아는 한 여성은 어머니 때문에 심하게 짜증이 난 상태다. 두 사람은 살면서 생기는 대부분의 일에 대한 견해가 매우 다르다. 어머니는 딸이 한 선택에 동의하지 않을 뿐 아니라 그녀와 가족 사이의 경계를 존중하지 않는다. 아마 이 상황에 공감하는 이들이 많을 것이다.

이 여성은 어머니와 완전히 관계를 끊는 대신 현명한 전략을 선택했다. 어머니가 자주 하는 말 중에 가장 신경 쓰이는 한 가지 표현에만 대처하기로 한 것이다. 어머니는 종종 전화를 걸어 손주의 안부를 묻고는 했다. 그럴 때마다 "엄마 아기는 다 컸어요. 그리고 내 아기도 잘 지내요."라고 말했다.

가족과 거리를 두는 데 어려움을 겪고 있거나 가족들이 다들 말도 안 된다고 생각하는 일, 예를 들어 브로드웨이 무대에서 배역을 맡으려고 MIT 장학금을 포기하는 일을 하고 싶다면 지금 당장 실행할 수 있는 작은 행동이 있다.

> **마이크로 행동:** 그 사람이나 집단이 한 말 중에서 당신이 가장 신경 쓰이는 말을 하나 떠올린다. 이제 그들이 그런 말을 할 때마다 받아칠 수 있는 문구를 하나 생각해서 잘 기억해 두자. 자! 이제 진정으로 자신을 지킬 수 있는 길에 들어선 것이다.

과감하게 행동하라

지금까지의 예시 가운데 당신에게 해당되는 내용이 있을 수도 있고 없을 수도 있다. 어쨌든 과감하게 행동해야 한다는 한 가지 사실만큼은 명확하게 이해했기를 바란다. 뭐든 상관없으니 일단 시도해 보자. 올바른 방향을 정하고 그쪽을 향해 나아가자.

잘못되어도 괜찮다. 제대로 된 성과를 올리지 못했다고 느껴도 상관없다. 일단 그냥 헬스장에 가자. 웃으면서 자신에게 "오늘은 좋은 하루가 될 거야."라고 말하자. 어제보다 자신감을 가지고 조금 더 나아가자.

자신감은 머릿속에서 완성되지 않는다. 몸이 움직여야 비로소 시작된다. 생각만 하는 사람과 행동하는 사람의 차이는 단 한 걸음에서 갈린다. 두려운 일의 '축소판'을 먼저 경험하자. 헬스장이 무섭다면 일단 걸어서 가 보고, 사업이 막막하다면 1달러부터 벌어 보고, 낯선 사람이 어렵다면 같은 공간에 있는 것부터 시작하자.

당신이 원하는 것이 있는 곳에 가야 한다. 친구를 사귀고 싶다면 사람들이 모이는 곳에, 연인을 만나고 싶다면 만나고 싶은 사람들이 있는 곳에 가자. 소파에 앉아서 기회가 찾아오기만을 기다리지 말자.

완벽한 준비는 존재하지 않는다. 잘못해도 괜찮다. 어제보다 조금 더 나아가는 것, 그것이 자신감의 본질이다.

지금 자신감이 부족한 영역을 하나 떠올려 보자. 그 영역에서 '진짜 목표'에 도달하기 전에 할 수 있는 가장 작고 쉬운 행동은 무엇인가? 목표 자체가 아니라 목표가 있는 방향으로 몸을 움직이는 첫 동작을 찾아보자. 그리고 그 행동을 할 날짜와 시간을 지금 바로 일정표에 적어두자.

제 5부

애쓰지 않아도 지속되는
'마이크로 증거'의 힘

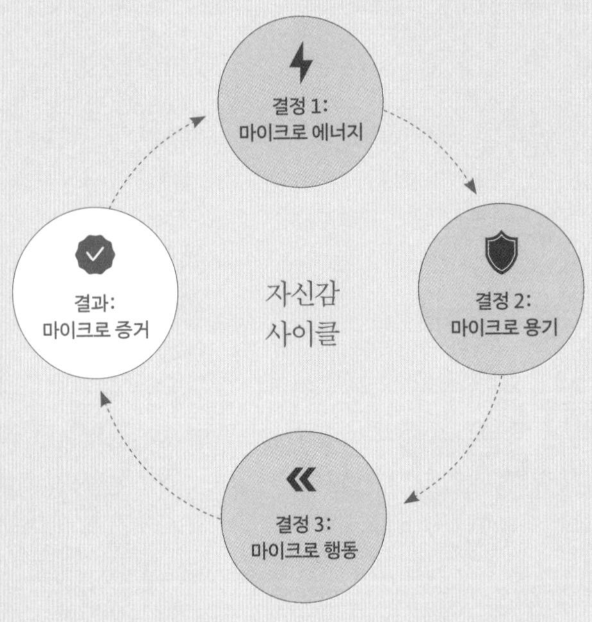

마이크로 증거

자신감이 커졌고 정체성이 조금이라도 변화했다는 작은 증거

마이크로로 증거

증거는 자신감 사이클의 마지막 단계다. 이 작은 증거가 새로운 사이클을 시작할 수 있게 해 준다. 중요한 점은 증거는 행동의 결과보다 그 행동을 한 뒤 자신을 바라보는 방식이 어떻게 달라졌는지와 관련성이 훨씬 크다는 것이다.

새로운 친구를 사귈 수 있을지 자신은 없지만 어쨌든 잠재적인 친구를 저녁 식사에 초대하기로 했다면 그 행동을 취하는 순간부터 증거가 생긴다. 친구가 초대를 수락할지 여부는 그의 선택에 달려 있다. 당신은 안전지대에서 벗어나 누군가를 저녁 식사에 초대했다. 따라서 설령 그 약속이 깨지더라도 새로운 친구를 사귈 수 있다는 사실을 스스로에게 보여 준 것이다. 그게 바로 증거다. 그리고 당신이 인정한다면 그 증거는 자신감 사이클을 다시 시작할 수 있는 충분한 에너지를 제공할 것이다.

제9장

자신감이 있다면 절반은 성공이다

거울을 보며 긍정적인 말을 외친다고 자신감이 생기는 것이 아니다. 내가 진정한 나임을 증명하는 확실한 증거가 쌓여야 자신감이 생긴다.

_ **알렉스 호르모지**Alex Hormozi **, 사업가, 억만장자**

앞서 미래에 대한 기대감을 품게 하는 불씨 역할을 하는 마이크로 에너지를 모아야 한다고 이야기했다. 또 에너지에서 마이크로 행동으로 이어지는 다리 구실을 하는 마이크로 용기도 자세히 살펴봤다. 마이크로 행동은 당신의 능력을 증명하는 단계를 완료하는 것이다. 그리고 이제 자신감 사이클의 마지막 단계인 마이크로 증거에 도달했다. 마이크로 증거는 당신의 정체성이 조금이라도 변했음을 입증하는 흔적이라고 정의할 수 있다.

내 친구 카터는 애플 스토어에서 일한다. 다들 알다시피 그곳은 모든 일이 빠르게 진행되는 에너지 넘치는 환경이다. 카터는 자신의 일을 좋아하지만 한 부분만은… 다르다.

매시간 카터는 매장에 모인 고객들에게 최신 애플 제품의 기능을 소개하는 프레젠테이션을 해야 한다. 하지만 이는 꽤나 어색한 일이다. 직원부터 고객까지 모두가 다른 일, 즉 기기를 살펴보거나 판매하거나 지니어스 바Genius Bar(애플 서비스 센터—옮긴이)를 방문하는 데 정신이 팔려 있기 때문이다. 카터가 프레젠테이션을 하는 동안 아무도 귀를 기울이지 않으니 더 어색할 수밖에 없다.

카터가 지금까지 걸어온 길을 생각해 보자. 아마 애플 스토어 면접을 보던 중에 매시간 프레젠테이션을 해야 한다는 사실을 알게 되었을 것이다. 처음에는 긴장해서 새 직장을 알아보고 싶었을지도 모른다. 하지만 어쩌면 한 주 동안의 업무가 끝나면 영화를 보러 가서 커다란 통에 든 팝콘을 사 먹는 것으로 자신에게 보상을 해 주기로 했을지도 모른다. 이것이 바로 마이크로 에너지다. 그리고 이 에너지가 새 직장에서 성공을 향한 작은 발걸음을 내딛는 데 필요한 원동력이 되었다. 이것이 마이크로 용기다. 어쩌면 카터는 첫 출근 전에 친구와 가족을 상대로 프레젠테이션 연습을 해봐야겠다고 결심했을지도 모른다. 미약한 첫걸음이지만 일단 이 과정을 거치고 나니 '내가 잘 알고 익숙한 사람들' 앞에서 프레젠테이션을 할 수 있다면 낯선 이들 앞에서도 충분히 할 수 있겠다는 생각이 들었다. 이것이 마이크로 행동이다. 이제 다시 우리 이야기로 돌아가 보자.

카터가 프레젠테이션을 하는 동안 아무도 귀를 기울이지 않았다. 이것은 무언가에 대한 마이크로 증거다. 하지만 이를 통해 무엇을 증명할지는 전적으로 카터에게 달렸다.

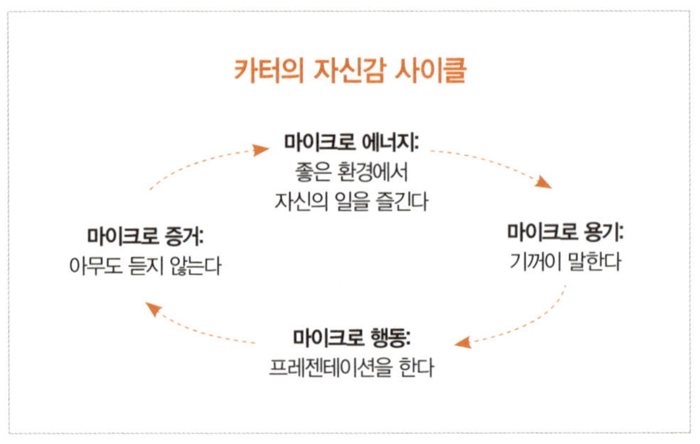

증거 1: 아무도 듣지 않는다는 것은 카터가 프레젠테이션에 서툴다는 증거다.

증거 2: 카터가 이런 힘든 상황에서도 프레젠테이션을 계속해 나갈 자신감이 있다는 증거다.

영화 〈배트맨 비긴즈〉의 주인공 브루스 웨인은 집사 알프레드에게 "왜 우리는 넘어지는 걸까요?"라고 묻는다. 알프레드는 "다시 일어서는 법을 배우기 위해서요."라고 답한다. 넘어지는 것은 당신이 패배했다는 증거가 아니라 '당신은 다시 일어설 수 있고 넘어졌다고 해서 그대로 끝나는 것은 아님을 보여 주는 증거'다.

카터는 본인이 원하는 일도 아니고 여러모로 마음이 불편했지만 그래도 프레젠테이션을 진행했다. 그는 이미 승리했다. 그렇게 간주하기로 본인이 선택하기만 하면 된다. 이 상황을 자신은 아무리 주변 환경이 곤란해도 프레젠테이션을 할 수 있다는 증거로 여겨야 한다.

단체로 스키를 타본 적이 있는가? 보통 경험이 부족한 초보자들은 스키 리프트와 슬로프 활강을 두려워한다. 하지만 초보자가 리프트를 타고 올라갔다가 슬로프를 따라 내려오면 우리는 그들이 어떻게든 해냈다는 이유만으로 응원을 보낸다. 어쩌면 슬로프를 내려오다가 다섯 번쯤 넘어졌을지도 모르지만 그런 것은 중요하지 않다. 그들은 두려움을 극복하고 도전했다. 시간이 지나면 실력이 더 나아질 것이다.

그래서 제7장과 제8장에서는 그냥 행동을 취하라는 얘기를 많이 했다. 완벽하게 해내야만 증거가 되는 것이 아니라 행동 자체가 증거가 되기 때문이다. 하지만 이때 중요한 것은 의식적으로 결정한 뒤 행동해야 한다는 것이다. 그렇지 않으면 머릿속의 목소리가 "봤지? 또 실수했잖아, 봤지? 시험에서 A를 못 받았잖아, 봤지? 몇몇 사람들이 널 비웃었잖아."라고 떠들어 댈 것이다.

하지만 신경 쓸 필요 없다. 대부분의 행동은 잘못되더라도 큰 영향을 미치지 않는다. 물론 스카이다이빙이나 수술은 예외다. 백 명의 관중 앞에서 백 번 무대에 올라 완전히 실패할 수도 있지만 이제 본인이 원하기만 한다면 1만 명 앞에서도 말할 수 있다는 증거가 생긴 것이다. 좀 유치하게 들리는가? 그렇다면 몇 가지 실제 상황을 예로 들어보겠다.

1. 달리기 대회를 완주할 능력이 있는지 영 자신이 없다. 그래서 자신에게 활력을 불어넣고 용기를 내 참가 신청을 한 뒤 몇 달 동안 연습한다. 그리고 5킬로미터 경주에 나선다. 최상의 시나리오는 생각보다 빨리 달려 새로운 개인 기록을 세우고 자신이 속한 조에서 1위를 차지하는 것이다. 정말 굉장한 일이다.
최악의 시나리오는 중간에 포기하는 것이다. 그래도 일단 참가 신청을 하고 연습을 한다. 평소보다 몸 상태도 더 좋다. 2.5킬로미터 정도는 완주할 수 있다. 이렇게 뛰고도 죽지 않았다. 이 모든 것이 증거다. 이대로 진행되게 두면 자신감 사이클이 완성되고 다음 경주를 위한 에너지가 또 생길 것이다. 그리고 그때도 다시 도전하고 멋지게 해낼 수 있을 것이다.

2. 직장에서 자기 의견을 내는 데 어려움을 겪고 있다. 다음 회의 때는 꼭 제안을 해보기로 마음먹었다. 그래서 다음 회의 시간에 손을 들고 관리자들이 선택한 방향을 개선할 수 있는 방안을 이야기한다.

최상의 시나리오는 그들이 당신을 똑똑하다고 생각하는 것이다. 최악의 시나리오는 누군가가 당신 의견에 감정이 상해서 "고맙지만 딜런, A 옵션을 고수하는 게 좋을 것 같군요."라고 말하는 것이다. 그들이 당신 조언을 받아들이지 않더라도 크게 문제될 것은 없다. 이제 당신은 아이디어를 제시할 자질이 있다는 것을 증명했으니 말이다.

3. 사업을 할 때 누군가를 해고해야 한다면 정말 난감할 것이다. 그래도 해야 한다. 그들을 내보내자. 최상의 시나리오는 해고자가 "알겠습니다. 어차피 이 일은 제게 맞지 않았지만 기회를 주셔서 고맙습니다."라고 말하는 것이다. 최악의 시나리오는 해고자가 욕설을 퍼붓거나, 당신 앞에서 울거나, 자신이 그토록 꿈꾸던 직업인데 이렇게 되었다고 말하면서 인터넷에 글을 올리는 것이다. 한두 주 정도는 기분이 좋지 않을 것이다. DM으로 불쾌한 메시지를 한두 개 받을 수도 있다. 그래도 결국 상황은 잦아들 테고 여러모로 힘들기는 해도 기업가로서의 자질을 갖췄다는 사실을 증명하게 될 것이다.

이것은 우리 모두가 처한 현실이다. 행동은 '항상' 효과가 있다. 행동 자체가 증거이기 때문이다. 하지만 그렇게 생각하겠다고 본인이 정해야 한다. 이제 다시 카터 이야기로 돌아가 보겠다.

카터가 프레젠테이션을 할 때 아무도 듣지 않는다면 그는 어떻게 할까? 나는 카터가 발표하는 모습을 보았다. 정말 놀라웠다. 그는 다른 사람들이 무엇을 하든 상관없이 프레젠테이션을 할 때마다 최대한의 열정을 담아서 한다. 마치 환호하는 팬들 천 명 앞에서 프레젠테이션을 하는 것 같다. 심지어 주변에 청중이라고는 바닥을 기어다니는 아기와 짖어 대는 안내견뿐이고 그의 프레젠테이션에 흥미를 느끼는 사람이 한 명도 없을 때도 마찬가지다.

하지만 생각해 보면 그보다 더 자신감 넘치는 사람이 누가 있을까? 아무도 신경 쓰지 않을 때 프레젠테이션을 할 수 있다면 모두가 집중하면서 좋아해 줄 때 프레젠테이션을 하는 것은 얼마나 쉽겠는가?"

성과를 내 것으로 만드는 법

나는 대학에 진학한 뒤 다른 사람들이 내가 어릴 때 겪었던 것과 같은 어려움을 극복하는 법을 배울 수 있게 돕고 싶었다. 스스로 부족하다고 느끼는 사람들이 다르게 생각하도록 격려하고 싶었다. 그들이 혼자가 아니라는 것을 알았으면 했다. 문제는 이 꿈을 이루려면 어떻게든 사람들 앞에서 말을 해야 한다는 것이었다. 정말 많은 사람들 앞에서 말이다. 이 생각을 할 때마다 H 선생님이 했던 온갖 부정적인 말들이 떠올랐다.

그래서 정신적인 활력을 1그램이라도 더 얻을 수 있을까 하는 희망을 품고 P 선생님에게 전화를 걸었다. 그리고 지금 근무하는 고등학교에서 강연할 수 있게 도와 달라고 부탁했더니 선생님이 학교 측의 허락을 받아 주셨다. 고등학생 천 명 앞에서 한 시간짜리 강연을 해야 하는 상황이 된 것이다. 내가 부탁했지만 나는 완전히 겁에 질렸다. 고등학생들만큼 남에게 비판적인 사람이 또 있을까? 정답은 '아무도 없다'이다.

몇 주 동안 강연 연습을 하면서 학생들 앞에서 할 이야기를 몇 번씩 검토했다. 마침내 연단에 오를 시간이 되었을 때 P 선생님이 강당 뒤쪽에 서 있는 것이 보였다. P 선생님은 누군가에게 에너지를 불어넣는 일에서 최고의 능력자다. 그래서 숨을 들이쉬고 다음 걸음을 내디뎠다.

청중들은 5분 만에 관심을 잃었다. 영화에 비유하자면 갑자기 방이 너무 좁아 보이고 카메라 앵글을 너무 타이트하게 잡는 그런 순간이었다. 영화였다면 땀방울이 내 얼굴 옆선을 따라 천천히 흘러내리는 모습이 보였을 것이다. 말을 더듬거리면서 남은 55분을 힘들게 넘겼다. 내 인생에서 가장 긴 한 시간이었다. 그리고 그 이후에 한 일은 더 부끄럽다. 몇 주 동안 계속 자책에 빠졌던 것이다.

시간이 좀 흐르자 P 선생님의 얼굴이 떠올랐다. "후안, 넌 정말 잘하고 있는데 자신에게 너무 엄격한 게 문제야." 하고 걱정해 주셨던 선생님 말씀에 에너지를 얻어 다른 강연 일정을 잡았다. 그리고 또 하나 더, 그렇게 계속 일을 늘려 갔다. 그중 한 강연에서는 아침 7시에 어르신 100명이 꽉 들어찬 장소에서 무슨 내용인지 알 수 없는 이야기를 했다. 또 처음으로 돈을 받고 했던 강연은 비건 식당에서 진행되었는데 사실 난 고기를 좋아하는 사람이다. 그리고 학생 아홉 명을 앉혀 놓고 대중 연설에 관한 강연을 한 적도 있는데 사실 당시에도 난 여전히 사람들 앞에서 말하는 것이 무서웠다.

연설을 할 때마다 더 잘하고 싶다는 열망이 마치 한 번도 잊은 적 없는 것처럼 되살아났다. 불편한 기분과 지루한 표정들, "아무도 안 듣네." "아, 졸려." "다른 사람을 강연자로 초빙했어야 하는데." 같은 비난의 태도를 이겨 내면 그 너머에 또 다른 자신감이 존재한다는 사실을 알기에 이 일에 중독되었다.

그러자 어떻게 되었는지 아는가? 비록 강연을 아주 잘하지는 못했고 그래서 자책했지만, 어쨌든 실제로 그 일을 해냈기에 강연을 했다는 증거가 남았다. 상황이 끔찍하게 흘러갈 때도 있었지만 그래도 난 살아남았다.

우리의 부정적인 마음이 똑같은 정보를 잘못 해석하는 경우가 얼마나 많은지 알게 되면 정말 놀랄 것이다. 자전거를 타고 시속 160킬로미터로 달리던 중에 랜스 암스트롱 Lance Armstrong (미국의 사이클 선수) 같은 사람과 충돌이 발생한다면? 당신은 자전거 페달을 시속 160킬로미터로 밟을 수 있는 사람이다. 정말 대단한 일이다. 당신 회사가 1,200만 달러짜리 소송을 당한다면? 누군가 당신에게 1,200만 달러가 있다고 생각한 것이다.

이는 감상적인 헛소리가 아니다. 정말 그런 식으로 작동한다. 어쩌면 당신은 예전에 스턴트 배우였는데 지금은 평균 체중보다 23킬로그램이나 더 나가는 과체중 상태일지도 모른다. 하지만 달리 생각하면 과체중인 사람도 스턴트 연기자가 될 능력이 있다는 사실을 방금 증명한 셈이다. 어쩌면 성사되기 직전이었던 100만 달러짜리 계약을 놓쳤을지도 모른다. 하지만 달리 생각하면 당신은 100만 달러짜리 계약을 성사시키기 직전까지 갔던 것이다.

디그리 인슈어런스Degree Insurance CEO인 웨이드 아이얼리Wade Eyerly가 자주 하는 이야기가 있다. 웨이드는 열여섯 살 때 수백만 달러 규모의 계약을 놓쳤다. 누군가 그를 배제시킨 탓에 수백만 달러의 사업 계약을 놓친 웨이드는 아무것도 얻지 못했고 그후 파산까지 겪었다. 웨이드는 오랫동안 그 일 때문에 자신이 패배자라고 생각했다. 기회를 놓친 것이 부끄러워서 남들에게 이 이야기를 거의 하지 않았다. 그러다가 나중에서야 '세상에. 대체 어떤 열여섯 살짜리가 그렇게 큰 계약을 거기까지 끌고 갈 수 있었을까?'라는 생각이 들었다. 그래서 다시 온 힘을 다해 도전하기 시작했다. 그는 백악관에서 일했고 나중에는 정보원으로도 활동했다. 그후 항공사를 설립했고 재정적으로 학위에 상응하는 수입을 보장해 주는 대학 학위 보험을 고안하기도 했다.

내가 가장 좋아하는 그의 아이디어 중 하나는 매우 간단하다. 어려운 일은 시도하기만 해도 실제로 어려운 일을 완수한 것과 거의 똑같은 이점을 얻는다는 것이다. 곧 출간될 책에서 웨이드는 올림픽 유망주를 예로 들었다. 고용주들은 올림픽 선수 수준의 직원을 고용하는 것을 좋아한다. 그들은 규율을 잘 따르고 근면하기 때문이다. 하지만 실제 올림픽에 출전했던 사람을 고용하는 것과 올림픽에 출전하려고 노력했던 사람을 고용하는 것에는 차이가 거의 없었다. 고용주 입장에서는 둘 다 헌신과 노력, 직업의식을 온몸으로 증명하는 이들이기 때문이다.

나는 이것을 '결과'보다 '성과'에 집중하는 태도라고 부른다. 성과는 당신이 한 일이며 결과가 어떻게 되었든 간에 아무도 그것을 빼앗을 수 없다. 성과에 집중하면 당신이 노력했다는 것을 알게 된다. 실패했을 수도 있고 아닐 수도 있지만 중요한 것은 그 일에 무엇을 쏟았는가다. 그런 노력을 통해 개선하고 반복하면서 앞으로 나아갈 수 있다. 반면 결과에만 집중하면 사회가 이겼다고 말할 때만 이길 수 있다. 그리고 결과에만 치중할 경우 패배하면 자신감이 떨어지므로 아래의 푸념처럼 오히려 역효과가 생긴다. 항상 결과보다 성과에 집중하자.

- "나는 지금 과체중이라서 매력이 없어."
- "지금보다 더 나은 것을 누릴 자격이 없어서 승진하지 못했어."

- "은행에서 내 사업 아이디어를 마음에 들어 하지 않으니 나는 창업에 성공하지 못할 거야."

내가 보내는 신호를 놓치지 마라

10대 때 백만장자가 될 뻔했다가 백악관 직원, 정보원 그리고 연쇄 창업가로 변신한 웨이드 아이얼리 이야기로 돌아가 보자. 그는 '신호'에 관한 이야기를 많이 하는데 아마 스파이 학교에서 배운 내용일 것이다.

기본적으로 신호에는 한쪽 당사자가 다른 당사자에게 보내는 (대체로 숨겨진) 메시지가 포함되어 있다. 예를 들어 값비싼 디자이너 주얼리를 착용하고 있다면 본인 재산에 대해 아무 말도 하지 않아도 주변 사람들에게 본인이 부유하다는 신호를 보내는 것이다. 어떤 사람이 말하는 동안 손을 우아하게 빙빙 돌린다면 그것은 그가 상류층 출신이라는 신호일 수 있다.

중요한 사실은 신호는 대부분 명시적이지 않은 탓에 다양하게 해석될 여지가 있다는 것이다. 그리고 웨이드의 말에 따르면 가장 중요한 신호는 우리가 우리 자신에게 보내는 신호라고 한다.

우리는 하루 종일 자신에게 신호를 보낸다. 실패하거나 성공하거나 성공할 뻔하거나 실패할 뻔할 때마다 자신이 누구이고 무엇을 하는지에 대한 메시지를 보내는 것이다. 살면서 신호를 잘못 읽는 경우가 가장 많은 분야는 다음과 같다.

신호	잘못 해석한 신호	제대로 된 해석 방법
손해를 많이 보았다.	나는 돈 관리가 서툴다.	드디어 내 지출 습관을 깨달았다.
예전에는 이 일을 더 잘했다.	다시는 잘하지 못할 것이다.	나아질 가능성이 있고, 그것을 증명할 수 있다.
건강이 안 좋다.	앞으로 계속 나빠질 것이다.	건강해질 가능성이 충분히 있다.
이 일을 여러 번 시도했다.	도저히 제대로 해낼 수 없을 것 같다.	나는 행동하는 사람이다.
계획대로 되지 않았다.	나는 계획을 잘 세우지 못한다.	자신감을 갖고 시도했지만 결국 실패했다. 하지만 괜찮다.

이런 행동 지침은 아주 구체적으로 작성할 수 있다. 내 목록은 아마 이럴 것이다.

신호	잘못 해석한 신호	제대로 된 해석 방법
6개월 동안 달리기를 했는데 기록이 향상되지 않는다.	나는 달리기를 정말 못한다.	나는 달리기 선수다.
이 문장을 벌써 여덟 번이나 수정한 것 같다.	나는 글을 잘 못 쓴다.	나는 작가다.
최근 몇 년 사이에 세 번이나 이사했다.	나는 집이 없다.	어디든 내 집이 될 수 있다.
지금도 상어 다이빙을 싫어한다.	지금도 상어 다이빙을 싫어한다.	지금도 상어 다이빙을 **정말** 싫어한다.

이 신호를 제대로 읽는 것이 가장 중요하다. 그렇지 않으면 오해해서 화를 낼 수도 있다. 우리가 자신에게 보내는 신호는 결국 자신에 대한 생각, 즉 정체성에 영향을 미친다는 사실에 유의하자. 특히 자신감 사이클에서는 더 그렇다. 카터를 생각해 보자. 그는 프레젠테이션을 하는 동안 '아무도 내 말에 귀 기울이지 않는다'라는 신호를 받는다. 이 신호를 오해하면 '나는 말을 잘 못한다'라고 생각할 수 있다. 그는 이 신호를 '나는 말을 정말 잘한다. 아무도 귀담아듣지 않더라도 나는 여전히 엄청난 에너지를 가지고 있다'로 해석해야 한다.

자신감 없고 무능한 사람에서 자신감 있고 유능한 사람으로 바뀌고 있다는 증거를 쌓으려면 스스로에게 보내는 신호가 그 증거를 확실히 뒷받침해야 한다. 다음 장에서는 증거와 정체성 사이의 상호 작용을 보여 줄 것이다. 하지만 지금은 손실을 감수하면서라도 결과가 아닌 성과에 집중해야 한다.

성적표보다 출석부가 더 중요하다

이번 장에서는 최악의 시나리오에 초점을 맞추었다. 한 장을 통째로 할애해서 '부정적으로 생각하지 말라'고 이야기한 사람으로서는 아이러니한 일이지만 성공이 곧 우리가 성공했다는 증거라는 사실은 다들 잘 알기 때문이다.

일반적으로 우리는 무언가를 잘한다는 증거가 눈앞에 있으면 자신감을 키워야 할 필요성을 못 느낀다. 게다가 자신감 사이클을 따라가다 보면 최상의 시나리오가 현실이 되는 경우도 많다. 당신이 사람들 앞에 서면 그들이 당신을 좋아할지도 모른다. 그렇게 되면 장담하는데 다음 자신감 사이클을 시작할 수 있는 엄청난 에너지를 얻게 될 것이다.

이는 모든 승리에 해당되는 이야기다. 빚을 갚고 성공적인 사업을 시작하고 좋은 직장을 구하고 멋진 남자와 데이트하는 것이 자신감을 키워야 할 이유를 알려 주는 쉽게 입증 가능한 증거라는 사실은 굳이 책을 읽지 않아도 알 것이다. 하지만 이쯤에서 살짝 경고하고 싶은 것이 있다. 승리만을 증거로 삼는다면 결국 패배에 직면했을 때 상심이 클 것이다.

런키퍼Runkeeper라는 근사한 러닝 앱이 있는데 내 개인 트레이너 에린은 이 앱에 대해 정말 멋진 말을 했다. 만일 당신이 달리기를 즐기는 러너라면 러너임을 증명하기 위해서 해야 할 일은 마라톤 완주도 대회 우승도 아니다. 딱 하나, 바로 달리는 것뿐이다.

만약 당신이 승리한 경주를 통해서만 자신이 러너임을 증명한다면 분명 문제가 생길 것이다. 언젠가는 패배하게 될 텐데 그러면 어떻게 될까? 당신 정체성이 큰 타격을 입을 것이다. 달리기 연습을 했으니까 러너라고 생각하는 것이 아니라 경주에서 이겼으니까 러너라고 생각한 것이다. 아무리 빠른 사람이라도 결국은 지는 날이 온다. 이는 삶의 모든 영역에서 마찬가지다. 승리를 축하하는 것은 정말 멋진 일이다. 확실히 더 많이 축하해야 한다. 하지만 자신의 정체성을 승리에서만 찾아서는 안 된다. 성과 그 자체에서 찾도록 하자.

- 달리기를 하니까 러너다.
- 돈을 저축하니까 돈 관리를 잘하는 사람이다.
- 노력하니까 자신감 있는 사람이다.
- 글을 쓰니까 작가다.
- 종합 소득세를 신고할 때 '자영업자' 항목에 체크하니까 기업가다.

마이크로 증거는 새로운 정체성을 여는 열쇠다. 당신은 무엇이든 해낼 수 있는 자신감 넘치는 멋진 사람이다. 에너지에서 용기로, 행동으로, 증거로 넘어가는 동안 어려운 일도 해낼 수 있다는 사실을 스스로에게 증명했다. 완벽하게 혹은 아무 두려움 없이 할 필요는 없다. 그냥 하기만 하면 된다. 그리고 예전에 두려워하던 일, 아무도 귀 기울이지 않는 매장 한가운데서 프레젠테이션을 하는 것 등에 익숙해지면 컴포트 존을 넓혀 조금 더 두려운 일도 할 수 있다. 자신감 사이클의 시작점으로 돌아가 에너지를 얻고, 용기를 키우고, 행동을 취하자. 이미 본인이 할 수 있고 실제로 해냈다는 사실을 스스로 증명했기에 이 모든 것이 가능해진다.

그리고 이 과정을 계속 반복하면 정체성이 변하기 시작한다. 비로소 자신감 넘치는 사람이 되는 것이다.

당신은 (실패할 때조차도) 성공할 것이다

신호	잘못 해석한 신호	제대로 된 해석 방법

제10장

내가 걸은 길이 삶을 바꾸는 유일한 방법이다

모든 행동은 당신이 어떤 사람이 되고 싶은지 투표하는 것과 같다.

_ 제임스 클리어, 《아주 작은 습관의 힘》 저자

돌을 밖에 놓아두면 시간이 흐르면서 비바람에 깎여 모양이 달라진다. 들쭉날쭉했던 부분을 만지면 매끄럽게 느껴지고 하늘을 배경으로 당당하게 윤곽을 드러내던 바위도 이제 주변 풍경과 잘 어우러진다. 한때 퍼붓는 빗속에 우뚝 솟아 있던 돌도 서서히 그 개성을 잃어 가기 시작한다.

하지만 그런 독특함이 닳아 없어지기 전에 예술가가 그 위풍당당한 돌을 발견하고 집에 가져가서 조각을 시작한다면 어떨까? 불완전한 부분으로 가득했던 평범한 돌덩이를 조금씩 정성스럽게 깎아

나가다 보면 돌은 더 이상 단순한 돌이 아니게 된다. 이제 돌덩이는 의도가 담긴 새로운 무언가로 서서히 형상화되고 있다.

이렇게 자신의 정체성을 새롭게 다듬어서 조금씩 자기 의지대로 형상화할 기회가 있다. 우리는 자신감 사이클을 한 바퀴 돌 때마다 그 일을 하고 있는 것이다.

'들어가며'에서 등장했던 루이스는 영어 수업에서 D를 받았다. 정말 자비로운 성적이다. 루이스의 담임은 그를 따로 불러 "너를 좋아하기는 하지만 너는 뛰어난 학생은 아니다."라고 말했다. 그리고 "유급해서 내년에 학교에 다시 다니는 모습은 보고 싶지 않다."며 D-를 주었다. 그 성적을 받지 못했다면 루이스는 고등학교를 졸업하지 못했을 테고 대학에도 가지 못했을 것이다.

하지만 대학에 진학한 뒤에도 루이스의 성적은 나아지지 않았다. 결국 그는 대학 교수들에게도 비슷한 말을 들었다. "한 학기 휴학하는 게 좋겠다."

루이스는 심각한 ADHD, 즉 주의력 결핍 장애 진단을 받았다. 그는 약을 먹기 전에 이 질환을 직접 연구해서 근본적인 문제를 해결하기로 결심했다. 그래서 카드 게임을 배우고 암기 관련 서적을 읽었다. 점점 긴 숫자열도 외우기 시작했다. 암기력이 좋아져서 암기력 경진 대회에도 나갔다. 학교에서 형편없는 성적을 받던 아이가 기인이 된 것이다.

그는 다양한 대회에서 우승하기 시작했고 결국 챔피언이 되었다. 폭스 방송국에서 그를 눈여겨보고 〈슈퍼휴먼〉이라는 TV 프로그램에 초대했다. 프로그램에 출연한 그는 하루 만에 100명의 사람들과 관련된 이름과 주소 등의 정보 500개를 암기했다. 학업이 적성에 맞지 않는다는 말을 듣던 사람으로서는 꽤 괜찮은 성과 아닌가?

잠시 챔블리스가 쓴 논문 〈탁월함의 평범성〉을 떠올려 보자. 그는 재능은 무의미한 개념이라고 주장했다. 부모는 자녀에게, 교사는 학생들에게 재능이 중요하다고 말하는데 이는 아이들이 계속 노력하도록 격려하기 위한 말이다. 결국 실제로 경쟁에서 앞서나가는 데 필요한 것은 열정과 지속적인 향상이다.

그런데 재능이란 것이 존재하지 않는다면 어째서 모든 사람이 올림픽 수영 선수가 되지 못하는 것일까? 챔블리스가 쓴 것처럼 올림픽 수영 경기의 문턱이 '거의 누구나 도달할 수 있을 정도로 낮다'면 사람들이 도전하지 못하는 이유는 대체 무엇일까? 희생, 시간, 결단력, 집중력 같은 뻔한 대답 외에도 우리를 특정한 존재 방식에 가두는 보이지 않는 벽이 존재하기 때문이다. 나는 이를 가리켜 '정체성 한계'라고 부른다. 수영 선수가 자신을 '올림픽 수영 선수'가 아닌 '평범한 수영 선수'로 여긴다면 본인이 정해 놓은 자신감 한도를 결코 넘지 못할 것이다.

어떤 사람에게는 '나는 독서를 싫어해', '나는 사회성이 부족해', '나는 게으른 사람이야' 같은 정체성 한계가 존재할 수 있다. 이런 식으로 자신을 특징화하는 말이 자신감을 에워싸는 감옥을 형성해서 벗어날 수 없다는 기분을 느끼게 한다. 루이스의 경우는 이런 식이었다.

- "나는 학교 성적이 좋지 않아."
- "나는 영어를 잘 못해."
- "선생님의 도움 없이는 고등학교를 마칠 수 없어."
- "대학교도 졸업할 수 없을 거야."
- "나는 ADHD가 있어."
- "나는 뭐든지 잘 잊어버려."

결국 이 모든 말이 루이스의 자아에 깊이 스며들어 정체성 한계를 넘지 못하게 가로막았다. 설령 한두 가지 부분에서 개선에 성공한다 하더라도 그것만으로는 한계를 돌파하기에 충분하지 않을 것이다.

즉 루이스가 새로운 환경과 다른 목소리를 통해 에너지를 얻고, 학교에서 용기를 내고, 기억력을 높이기 위한 행동을 취하고, 자신이 멍청하지 않다는 사실을 증명하더라도, 그러니까 자신감 사이클을 한 바퀴 다 돌더라도 그것만으로는 부족했을 것이다. 그런 과정을 수십 번 반복하더라도 말이다. 할 때마다 전보다는 나아지고 쉬워지겠지만 과거의 정체성이라는 보이지 않는 벽이 무너지기 전까지는 기존의 부정적인 패턴으로 다시 빠져들기 쉽다.

정체성 한계가 언제 어떻게 형성되는지 정확히 파악하기는 어렵다. '나는 게으른 사람'이라고 끊임없이 되뇐다면 당신은 태어날 때부터 게을렀던 것일까? 물론 아니다. 그렇다면 언제 그런 정체성을 갖게 된 것일까? 또한 자신감 사이클을 몇 번이나 돌아야 새로운 정체성을 형성할 수 있는지도 확실히 알 수 없다.

지금껏 새로운 습관이나 새로운 행동, 혹은 자신감 여정을 끝까지 고수하지 못하고 실패하는 친구들을 많이 보았는데 그들은 실패에 명확한 이유를 대지 못했다. 그냥 "어느 날 갑자기 행동하기를 그만두고 그 이후로 한 번도 하지 않았다."는 것이다. 이는 그들의 행동이 아직 새로운 정체성을 만드는 데 기여하지 못했기 때문이다.

자신감을 키우기 위한 작은 발걸음이 자신을 바라보는 방식(정체성)을 완전히 바꾸는 순간 우리는 정체성 한계를 돌파한다. 물론 나는 이 책의 목표가 자신감을 키우는 것이라고 말했고 실제로도 그렇다. 하지만 그보다 더 큰 목표는 자신감이 부족했던 부분을 중심으로 당신의 정체성을 바꾸는 것이다. '나는 남들과 친하게 지내지 못해'에서 '나는 좋은 친구야'로, '나는 과식하는 사람이야'에서 '나는 건강한 사람이야'로, '나는 사람들 앞에서 말을 잘 못해'에서 '사람들은 내 말을 듣는 것을 좋아해'로 바꾸어야 한다.

미아의 사례를 살펴보자. 미아는 고등학교 때 축구팀에서 활약한 스타 선수였지만 친한 친구가 없었다. 한번은 내게 "친구를 사귀는 게 너무 불안해요. 아무도 나를 좋아하지 않을 것만 같아요. 사람들과 제대로 어울리지 못하면 어쩌죠? 어색하면 어쩌죠? 아무도 나와 사귀고 싶어 하지 않으면 어떡하죠?"라고 말하기도 했다.

미아는 훌륭한 축구 선수였지만 대인 관계에는 자신감이 별로 없었다. 미아는 아름답고 매력적이고 똑똑하고 재능 있었다. 즉 우리가 증거라고 부를 만한 것들이 많았다. 그러나 본인은 그렇게 생각하지 않았다.

타인과 관계를 구축하기 위한 마이크로 행동을 충분히 취한 뒤에야 비로소 미아의 정체성이 변하기 시작했다. 한두 번으로는 충분하지 않았다. 자기도 친구를 사귈 수 있다는 증거가 많이 쌓인 뒤에야 겨우 본인에게 다른 사람과 어울리는 재주가 있다는 것을 진심으로 믿게 되었다.

다시 말하지만 이는 주로 인식에 달린 문제다. 자신이 엄청나게 뚱뚱하다고 믿는다면 러닝머신에서 한두 번 뛰는 것만으로는 그 인식을 바꿀 수 없다. 사실 몸무게를 몇 킬로그램 감량해도, 아니 초과된 체중을 전부 감량해도 반드시 삶이 바뀌는 것은 아니다. 온갖 과감한 행동을 다 취해 본다면 물론 자신감을 키우는 데는 도움이 될 것이다. 하지만 자신이 끔찍할 정도로 과체중이라는 부정적인 믿음이 정체성에 깊이 뿌리내리고 있다면 결국 예전의 자신감 수준으로 돌아가게 될 것이다.

안타깝게도 그런 사람들이 많다. 자신감을 키운 것처럼 보였는데 곧 예전의 정체성으로 돌아가는 것이다. 이는 당신에게 뿌리내린 생각이 '자신감 사이클을 중심으로 한 변화가 자신의 본질을 재구성하는 것'을 허락하지 않았기 때문이다. 그래서 눈앞에 어떤 증거가 있든 상관없이 여전히 자신을 예전의 모습으로 여긴다.

예를 들어 내심 자신을 실패자로 여기는 자신감이 없는 사람이 변호사가 되었다면 법정에서 몇 번쯤 승소해도 뿌리 깊은 신념이 흔들리지는 않을 것이다. 실제로 본인이 맡은 일을 잘한다는 증거가 있어도 여전히 자신감을 느끼지 못할 수 있다. 뿌리 깊은 자아 정체성을 바꾸려면 자신감 사이클을 여러 번 거쳐야 한다.

다시 과체중인 사람의 사례로 돌아가 보겠다. 그들에게 자신이 건강한 사람이라는, 혹은 건강한 사람이 될 수 있다는 자신감이 생긴다면 어떻게 될까? 자신감이 갑자기 그들의 행동에 영향을 미칠 수 있다.

- 건강한 사람은 헬스장에 간다.
- 건강한 사람은 먹는 것을 조심한다.
- 건강한 사람은 건강에 투자한다.

실제로 건강한 사람은 체중이 조금 늘어도 바로 변화를 감지하고 되돌릴 수 있다. 왜 그럴까? 건강하기 때문이다.

분야마다 정체성 한계가 다르게 나타날 수 있다. 자신이 스포츠에 서툴다는 믿음이 깊게 뿌리내리고 있으면 그것이 틀렸다는 사실을 증명하고 자신감을 회복하는 데 몇 번의 덩크 슛으로는 부족할 수 있다. 반면 춤을 처음 추었지만 수업을 몇 번 받은 뒤 실력이 크게 향상되었다면 댄스 플로어에서 자신감을 느끼는 데 시간이 별로 오래 걸리지 않을 수 있다.

정체성에 긍정적인 영향을 미치기 위해 필요한 자신감 사이클 순환 횟수는 정해져 있지 않다. 중요한 점은 정체성에 영향을 미치면 더욱 심층적인 변화가 일어난다는 것이다.

슈퍼히어로처럼 생각하기

2017년에 한 연구진은 아동 발달 연구 결과를 발표했다. 연구 논문의 제목은 〈배트맨 효과: 어린이의 인내심 향상〉이었다.[1]

연구진은 아이들에게 '어른들이 보기에 어린아이가 하기에는 길고 지루하다고 생각되는 활동'을 아이들에게 10분간 해달라고 요청했다. 그리고 시작 전에 "이것은 매우 중요한 활동인데 최대한 오랫동안 열심히 하면 도움이 될 거야!"라고 말했다. 하지만 그들은 너무 지루하면 언제든지 활동을 중단하고 아이패드 게임을 할 수 있었다. 이는 상당히 강력한 유혹이다.

아이들은 세 그룹으로 나뉘었다. 첫 번째 그룹에게는 활동하는 중간중간 자신을 1인칭으로 생각하면서 '나는 지금 열심히 하고 있는가?'라는 질문을 던지라고 했다. 두 번째 그룹은 3인칭을 이용해서 '한나는 열심히 하고 있나?'라고 자문해 보게 했다. 세 번째 그룹은 똑같은 질문을 3인칭으로 하되 자신의 진짜 이름을 사용하지 않았다. 대신 자신을 배트맨이나 그와 비슷한 영웅으로 상상하면서 '배트맨은 열심히 하고 있는가?'라고 물어보게 했다.

연구 결과를 공유하면서 이렇게 신난 적은 처음이다. 3인칭 시점을 사용해 활동과 거리를 둔 두 번째 그룹의 아이들은 첫 번째 그룹보다 활동 시간이 길었다. 그리고 놀랍게도 새로운 정체성을 지닌 '배트맨' 그룹이 활동을 가장 오래 지속했다. 연구진은 다음과 같이 보고했다.

"다른 사람, 특히 슈퍼히어로로의 관점을 취한 아이들은 자신의 경험과 가장 확실하게 분리될 가능성이 있고 즉각적인 유혹이나 부정적인 감정에서 벗어나 목표에 집중할 수 있었다. 가능성 정도가 아니라 확실히 그렇다. … 전반적으로 인내심이 증가한 이유는 아이들이 흉내 내기로 한 캐릭터의 강인한 특징과 자신을 동일시했기 때문이다."[2]

이것이 정체성의 힘이다. 중요한 점은 아이들의 실제 모습은 전혀 변한 부분이 없다는 것이다. 바뀐 것은 자신에 대한 인식뿐이다. 무슨 말인지 알겠는가? 이 책 전체에서 에너지를 얻고 용기를 내고 행동을 취하고 필요한 증거를 찾을 수 있는 다양한 아이디어를 부드럽게 주입한 것도 그런 이유 때문이다. 결국 이 모든 것을 어떻게 해석하느냐는 여러분의 인식에 달려 있다. 그래서 증거를 면밀히 살펴보고 승리를 축하해야 하는 것이다.

사업 계약을 놓쳤어도 파산하지 않았다는 사실을 무시하거나, 오늘 배우자에게 화를 내지 않았다는 것을 인정하지 않거나, 판매 성사율을 5퍼센트 정도 높인 것을 축하하지 않는다면 어떻게 될까? 그동안 해 온 모든 노력을 놓치게 될 것이다. 이 모든 일은 당신이 그것을 증거로 삼아야만 증거가 될 수 있다.

내 동료 맷은 요즘 정기적으로 헌혈을 하는데, 헌혈하는 것을 어찌나 자랑스러워하는지 직접 보면 당황스러울 정도다. 그는 헌혈할 수 있다는 사실에 열광한다. 맷은 성공한 기업가이고 책도 여러 권 썼으며 50cc 오토바이로 세계 신기록을 세울 뻔한 적도 있다. 하지만 그의 가장 큰 업적은 일 년에 두어 번 줄을 서서 기다리다가 헌혈할 차례가 되면 소매를 걷어 올린 후 사과주스를 마시는 것이라고 단언할 수 있다.

사실 그는 이 일을 남에게 자랑한 적은 없다. 그가 요즘 설레는 이유는 청소년기에 처음 헌혈을 시도했을 때 거의 기절할 뻔했기 때문이다. 실제로 그날은 담당자들이 허락해 주지 않아서 헌혈을 하지도 못했다. "얘, 오늘은 헌혈을 안 하는 게 좋겠어." 그들은 당시 열여섯 살이던 맷에게 이렇게 말했다. 그렇게 헌혈과의 인연은 싱겁게 끝났다.

그러다가 대학 친구들의 강력한 권유와 몇몇 여학생들의 지켜보는 시선에 힘입어 다시 헌혈을 시도하게 되었다. 맷이 이 이야기를 너무 자주 해서 나도 본인만큼 잘 안다. 어쨌든 헌혈 장소에 간 맷은 그곳에 여학생들이 있는 것을 보고는 제발 기절하지 않게 해달라고 기도했다. 다행히 기절하지 않고 헌혈을 마쳤다. 그 일 이후 세상은 크게 달라지지 않았지만 그는 변했다.

첫 헌혈을 한 후 맷은 자신이 거대세포바이러스CMV에 감염된 적이 없다는 사실을 알게 되었다. CMV는 대부분의 성인에게 흔한 바이러스인데 성인에게는 전혀 해롭지 않지만 아기에게는 치명적일 수 있다. 그래서 이제는 맷이 헌혈을 하면 담당자들이 그의 혈액을 특별한 봉지에 담아 두고 '아기용 혈액'이라고 부른다. 그의 피는 특별해서 아기의 생명을 구하게 될 것이라는 뜻이다.

맷의 정체성은 완전히 바뀌었다. 전에는 헌혈을 하려다가 기절한 사람이었는데 이제는 아기를 살릴 수 있는 혈액을 보유한 사람이다. 당신 혈액으로 아기들을 살릴 수 있다면 얼마나 자신감이 넘칠지 생각해 보라. 이렇게 정체성이 바뀌자 맷은 자신감이 엄청나게 커졌다.

한계를 뛰어넘는 순간부터가 시작이다

나는 경력 초반에 이 업계에서 일하는 최고 연사들의 강연을 집요하게 파고들었다. 그들이 어떻게 말하는지, 몸을 어떻게 쓰는지, 어떤 무대에서 연설하는지 등을 연구했다. 그러다가 그들에게 공통점이 있다는 것을 알게 되었다. 그들 모두 업계 최대 규모이자 콘퍼런스계의 슈퍼볼인 미국 최대 규모의 교육 콘퍼런스에서 연설한 적이 있었다. 6만 3천 명이 참석한 행사였다. 나는 그 무대 사진을 출력해서 벽에 붙여 두었다. 그때까지 나는 겨우 10명 정도가 모인 한 교실에서의 강의가 전부였다. 하지만 언젠가는 그 무대에 오를 수 있으리라는 것을 알고 있었다.

몇 년 뒤 만 명 앞에서 강연해 달라는 요청을 받았다. 그때까지는 최대 천 명 규모의 콘퍼런스에 서 본 경험밖에 없었지만 그 요청을 받고 내가 뭐라고 대답했을까? "물론이죠, 할 수 있습니다! 정말 기쁘네요."

그러자 가벼운 공황 발작이 시작되었다. '뭘 하는 거지? 그렇게 많은 청중 앞에서 강연할 수 있을까? 내가 감당할 능력이 될까?'

강연할 시간은 점점 다가왔다. 나는 에너지를 북돋우기 위해 복도를 깡충깡충 뛰어다니다가(제4장 참조) 무대로 올라가 숨을 크게 들이쉬었다. 그리고 지금껏 만나 본 청중보다 열 배는 많은 청중 앞에서 자신 있게 강연했다. 정말 놀라운 경험이었다. 그 강연을 마치고 며칠 뒤, 또 다른 제안이 들어왔다.

"후안, 우리 주 콘퍼런스에서 강연해 주셨으면 하는데요."

"좋습니다! 강연장 규모가 얼마나 되는지 여쭤봐도 될까요?"

"아마 수용 인원이 5천 명 정도 될 겁니다."

"5천 명이라고요? 정말 기쁘네요." 나는 진심으로 두근거렸다.

맷처럼 나도 기존에 갖고 있던 정체성의 한계를 깼다. 이제 나는 청중 10명 앞에서 말하는 사람이 아니었다. 자신감 사이클을 여러 번 거쳤고, 그 과정에서 내가 수천 명 앞에서 말할 수 있는 사람이라고 진심으로 믿게 되었다. 6만 3천 명의 청중 앞에도 서 보았을까? 그건 아직 아니다. 그랬다면 정말 기절했을지도 모른다. 하지만 나는 새로운 단계로 도달했다.

인생에는 기복이 있다. 때로는 사람들의 가혹한 비판에 기가 꺾이기도 한다. 경력 초기에는 H 선생님과 몇몇 고객에게서 실력이 형편없다는 말을 들었고 그런 비판을 극복하기까지 꽤나 긴 시간이 걸렸다. 당시에는 강연가로서의 정체성을 놓고 고민도 많이 했다.

하지만 시간이 지나면서 성장했고 공을 몰고 계속 앞으로 나아갔다. 아직 골라인까지 도달하지는 못했지만 자신감에서만큼은 분명 새로운 시대를 맞이했다. 그 시점에서 나쁜 피드백을 받으면 며칠 동안 속이 상하거나 자기 회의에 빠지기도 했지만 처음으로 돌아가지는 않았다. 몇 미터쯤 밀려나기는 했지만 전처럼 수비 존 끝까지 밀리지는 않았다.

정체성이 진화하는 과정이 멋진 점은 '2보 전진을 위한 1보 후퇴'라는 격언과 비슷하게 진행된다는 것이다. 꾸준히 노력하다 보면 자기 검열에 별로 휘둘리지 않는 지점에 도달하게 된다. 본인에 대한 자신감이 새로운 기준점을 갖게 되는 것이다. 오늘 저지른 실수 때문에 하룻밤 정도 스트레스를 받을 수는 있겠지만 이제 일주일 내내 스트레스에 시달리는 일은 없을 것이다.

이는 비디오 게임이 진행되는 과정과 비슷하다. 사이드 퀘스트를 완료하면 게임 내에서 자신의 위치를 저장하는 체크포인트에 도달한다. 만약 죽거나 도전에 실패하면 처음으로 돌아가는 것이 아니라 마지막으로 찾은 체크포인트에서 다시 시작하게 된다.

현실 세계의 목표도 이와 비슷하게 작동한다. 각각의 체크포인트는 작은 승리이자 당신이 얼마나 멀리까지 왔는지 보여 주는 신호다. 언제 게임을 끝낼지, 언제 최종 보스에게 도달할지는 중요하지 않다. 중요한 것은 당신이 습득한 스킬, 획득한 아이템 그리고 지금까지 키운 체력이다. 이 모든 것을 이용해 다음에 일어날 일에 대비할 수 있다.

정체성의 한계를 넘어서는 순간 인생에서 가장 큰 싸움 중 하나가 시작된다. 당신은 '나는 어떤 면에서는 실패자'라는 이전의 인식을 극복하기 위해 열심히 싸워야 한다. 내 경우, '후안은 절대 완벽한 사람이 될 수 없어', '후안은 글을 못 써', '후안은 그냥 뚱뚱한 꼬마일 뿐이야' 같은 인식이 있었다. 충분한 노력을 기울이고 자신감 사이클을 몇 번씩 순환한 끝에야 결국 그런 믿음을 깨뜨릴 수 있었다.

그렇게 하고 나자 여러 체크포인트에서 좋은 생각과 좋은 말이 점진적으로 늘어났다. '후안이 계속 뚱뚱하지는 않을 거야', '후안은 전처럼 과체중이 아니야', '후안이 더 건강해질지도 몰라', '후안은 전보다 건강해졌어', '후안의 몸매가 좋아졌어', '후안은 꼭 그리스 남신 같아'. 아내 개비가 이 글을 읽는다면 정말 어이없어 하겠지만 말이다.

새로운 정체성을 찾기 위해 싸우고 다양한 새 체크포인트를 거치면서 계속 나아가자.

하던 대로 하면 절대 변할 수 없다

지금부터 6개월 뒤에 당신은 어디에 있을까? 어떤 사람이 되고 싶은가? 어렸을 때 이 질문을 받았을 때는 뭐라고 대답해야 할지 감이 잡히지 않았었다. 그 나이에는 대부분의 사람들이 마찬가지일 것이다. 고등학교 2학년 때 브리트니에게 그냥 친구로 지내자는 말을 들었을 때도 나 자신에게 자문해 보았다. 그때도 나는 내가 장차 어떤 사람이 되고 싶은지 전혀 알 수 없었다. 내가 아는 것이라고는 영혼을 짓누르는 거절의 파도뿐이었다.

거울을 바라보면서 내 눈에 비치는 자를 증오하고, 지금과 다른 삶을 살기를 바라고, 이 모든 것을 끝내 줄 무언가가 나타나기를 바랄 때는 나 자신에게 이 질문을 던질 생각조차 하지 못했다.

그런데 어느 날, 아주 잠깐 다른 후안의 모습을 보았다. 다른 이들의 비판을 두려워하지 않고 말할 수 있는 사람, 다른 누구에게도 완벽한 모습을 보이려고 애쓰지 않는 사람, 상어와 함께 수영해도 죽지 않는 사람, 스노보드를 타고 산의 반대편으로 내려가도 삶을 선택할 정도의 인내심과 의지력이 있는 사람, 건강, 관계, 웰빙에 대한 자신의 선택에 자신감이 있는 사람. 나는 그런 후안이 되기를 갈망했다.

딱 한 걸음.

그리고 또 한 걸음.

그리고 백만 걸음 더.

걸음을 뗄 때마다 전보다 더 쉽고 자신감 있게 나아갈 수 있었다.

그러다가 어느새 달리게 되었다.

이제는 걷지 않고 계속 달리고 있다.

현재 당신의 위치, 즉 은행에 돈이 얼마나 있는지, 관계가 얼마나 성공적인지, 몸은 얼마나 건강한지, 정신 건강은 어떤지 등은 6개월 전 당신의 우선순위와 결정, 헌신을 반영한다. 당시에 얼마나 많은 통제력이나 지각력을 지니고 있었는지는 중요하지 않다. 당신은 지금 여기에 존재한다. 지금부터 당신이 생각하고, 느끼고, 행동하는 모든 것은 당신에게 달려 있다.

중요한 순간을 향해 방향을 바꾸기 전에 작은 순간을 축하하는 것을 잊지 말자. 자신감은 작은 승리를 바탕으로 생기므로 그것의 중요성을 과소평가하지 말자. 그런 작은 승리가 없었다면 당신은 여기까지 올 수 없었을 것이다.

그렇다면 앞으로 6개월 뒤를 내다보았을 때 당신이 원하는 모습과 살고 싶은 삶에 가까이 다가가기 위해 필요한 1그램의 작은 변화는 무엇일까?

결말로 바로 넘어가는 것은 불가능하니 이야기를 최대한 흥미롭게 만드는 편이 좋을 것이다.

작은 실천

지금 당신이 어떤 사람인지 생각해 보자. 이 책을 읽기 시작했을 때와 달라진 점이 있는가? 자신에 대한 근본적인 믿음 중 바뀐 부분이 있는가? 아마 아닐 수도 있다. 솔직히 말해 아무것도 변하지 않았을 수도 있다. 그래도 괜찮다. 하지만 자신에 대한 믿음이 완전히 바뀌었다는 사실을 알게 된다면 그것을 적어 두고 즐기자. "나의 새로운 정체성은 ________ 이다." 이는 정말 중요한 일이다.

아직 그 위치에 이르지 못했다면 당신이 원하는 정체성을 적어 보자. 그리고 제5장에서 배운 도구를 활용해 "아직은 나 자신을 완전히 믿지 못한다."고 적는 것이다.

내일은 조금 더 강해진 내가 있다

언젠가, 몇 달 혹은 몇 년 뒤, 이 책을 다 읽고 책꽂이에 꽂아 두거나 친구에게 빌려주고 난 뒤, 인생의 중요한 순간을 맞거나 이런저런 생각을 하던 중에 문득 자신이 얼마나 멀리까지 왔는지 깨달을 때가 올 것이다. 당신이 꿈꾸던 위치, 하고자 했던 일, 되고자 결심했던 사람 등 모든 것이 이루어졌다. 그 모든 고된 과정, 모든 에너지와 용기, 결단력, 행동이 당신을 이 순간으로 이끌었다. 어쩌면 다른 사람들은 그 차이를 거의 느끼지 못할 수도 있지만 당신은 알고 있다. 당신은 충분히 느낄 수 있다.

내 경우에는 체중 감량과 자신감 변화의 시기를 거친 후 친한 친구가 나를 알아보지 못했을 때 그런 순간이 찾아왔다. 그것은 내가 했던 모든 작은 선택으로 발생한 미세한 순간들이 모여서 이루어진 일이었다. 마치 머릿속에 불이 켜진 것 같았다. 그 깨달음은 나의 옛 정체성과 관련된 모든 의심을 관통했고 한때 위협적이었던 자기혐오는 햇빛을 받은 이슬처럼 사라졌다. 마침내 내가 얼마나 달라졌는지 깨달았다.

시간이 흐른 뒤 이 책을 출판하려고 출판사를 찾기 시작했다. 여러 출판사에서 스무 번 넘게 거절당했고 점점 그 거절이 나와 내가 믿는 것들에 대한 자신감에 영향을 미치기 시작했다. 하지만 나는 이 자신감 사이클이 삶을 바꿀 힘이 있다는 확신이 있었고 내가 가진 것이 특별하다는 것을 알고 있었다. 그래서 계속 노력했다.

마침내 출판 계약을 성사시켰다. 그리고 바로 그 주에, 스무살 시절 벽에 사진을 붙이며 꿈꾸던 그 거대한 경기장에서 열리는 행사의 개막식 기조연설자로 초대를 받았다. 나는 지금 이 글을 쓰면서 그날 낭독할 연설문을 준비하고 있다.

이렇게 멀리까지 온 지금도 여전히 의심과 두려움, 불안을 느낀다. 하지만 달라진 점은 이런 감정을 '내가 일을 제대로 하고 있다'는 확실한 지표로 여긴다는 것이다. 나는 이제 실패를 더 큰 에너지를 얻을 기회로 생각한다. 또한 모든 두려움은 용기를 북돋는 초대장으로, 모든 불안감은 자신감을 가지고 행동할 기회로 받아들인다. 이것이 바로 자신감 사이클이다.

중요한 순간은 반드시 찾아온다. 그때 주저 없이 그 순간을 맞이하기 바란다. 두렵거나 준비가 안 되었다거나 부족하다고 느껴지더라도 자신이 누구인지 기억해야 한다. 이 모든 것을 극복하는 데 필요한 에너지는 이미 당신 안에 존재한다.

이 순간까지 걸어온 1만 걸음을 기억하자. 의심, 두려움, 불확실성은 이미 당신이 겪어 온 과거의 메아리일 뿐이다. 당신은 잠겨 있지 않은 문을 열고 새로운 삶으로 나아갈 힘이 있다. 그러니 심호흡을 하고 도전하자. 그 문 너머에 당신이 언제나 살고 싶어 하던 특별한 삶이 있다.

먼저 이 책이 나올 수 있도록 도와준 모든 분들께 진심으로 감사드린다.

내 비전을 현실로 만들어 준 펭귄 랜덤하우스의 조쉬 십, 폴 페어, 에린 니우마타, 메리 레이닉스, 이방카 페레즈와 다른 모든 분들에게 감사드린다. 여러분의 지도와 전문 지식, 인내심 덕분에 이 책이 내 커리어에서 가장 중요한 프로젝트가 될 수 있었다.

내가 이런 축복받은 영향력을 발휘하는 데 중요한 역할을 해 준 여러 강연 기관과 에이전시, 에이전트, 매니저, 멘토분들께 감사드린다.

고객들께 감사드린다. 지난 몇 년간 여러분의 행사에서 특별한 경험을 선사할 수 있도록 나를 믿고 맡겨 주셔서 정말 감사하다. 이런 직업을 갖게 된 나는 세상에서 가장 운 좋은 사람인 것 같다.

형제자매인 세르히오 벤다냐와 아드리아나 벤다냐에게 감사한다. 처음부터 나를 믿어 주고 영감을 주며 내가 바랄 수 있는 최고의 롤모델이 되어 주어서 고맙다.

지금의 나를 만든 특별한 어린 시절을 선사해 준 부모님께 감사한다. 두 분은 내 직업 윤리, 추진력, 연민, 긍정적인 태도의 원천이다. 모든 것을 감수하고 니카라과를 떠나 자식들이 더 나은 삶을 살게 해 주신 두 분께 진심으로 감사드린다.

내가 꿈을 이루는 동안 항상 내 곁에 있어 준 친구들 닉 싱, 애덤 존스, 스티븐 스척스, 셀리나 라우드, 맷 월리스, 태즈 아산, 앤드류 토머스, 루이스 앤젤, 오미드 카즈라반에게 감사한다. 많은 이들이 나를 믿지 않을 때도 친구들은 나를 믿어 주었다.

멘토인 토니 로빈스, 브렌든 버처드, 톰 빌류, 펠릭스 린, 마이클 새비지, 캐롤린 샘슨, 척 호건, 말론 스미스, 스콧 해리스, 조셉 맥클렌던 3세, 멜 로빈스, 에릭 테르멘데, 사라 웰스, 블레이크 플라이, 지오바니 마르시코에게 감사한다. 이분들은 내가 사람을 돕는 일을 통해 경력을 쌓을 수 있게 영감을 주었고 이는 내 인생에서 가장 큰 축복이었다.

내 평생 가장 사랑한 사람, 가브리엘라 벤다나에게 감사한다. 아내는 내가 나보다 더 많이 나를 믿어 주었고 내 인생을 상상 이상으로 많이 바꾸었다. 내 꿈을 지지하고 고등학교 체육관에서 하는 강연을 들으러 와 주고 이야기를 만들 수 있게 도와주고 자신감 사이클을 발전시키는 데 필수적인 역할을 해 주어서 고맙다. 이렇게 사려 깊고 친절하고 아름답고 추진력 있고 협조적이고 열정적이면서 사랑스러운 소울메이트와 함께할 수 있어서 정말 기쁘다. 당신 없는 내 삶은 상상할 수조차 없어. 정말 사랑해.

그리고 사람들이 절대 될 수 없을 것이라고 했던 그런 인물이 되도록 내 안에 불을 붙여 준 H 선생님께도 감사드린다.

끝으로 최고의 자신이 되기 위해 노력하는 독자 여러분께 고마움을 전한다. 내가 매일을 활기차게 살아갈 수 있는 것은 다 여러분 덕분이다. 이 책을 읽고 여러분도 나와 같은 경험을 하게 되기를 바란다.

제1장 자신감은 명사가 아니라 동사다

1   Adriana Malureanu, Georgeta Panisoara, and Iulia Lazar, "The Relationship Between Self-Confidence, Self-Efficacy, Grit, Usefulness, and Ease of Use of E-Learning Platforms in Corporate Training During the COVID-19 Pandemic," 13, no. 12 (2021): 6633.

2   "Ed Sheeran," This Day in Music, May 21, 2024, https://www.thisday inmusic .com/artists/ed-sheeran/.

3   Eveline Beck, "Ed Sheeran YouTube: How He Dominates Views & Clicks," Funktasy, May 18, 2023, https://www.funktasy.com/music-business/learn-3-ways-ed-sheeran-dominates-youtube/.

4   "Artist: Ed Sheeran," Recording Academy, https://www.grammy.com/artists/ed-sheeran/6178, accessed October 17, 2024.

5   "Ed Sheeran Had a Traumatic Childhood Due to a Medical Error," YouTube, posted by Vix, June 17, 2019, https://www.youtube.com /

watch?v=70EyyOBkl_U.

6   "Ed Sheeran×Dave," YouTube, posted by Love Music Hate Racism, March 22, 2019, https://www.youtube.com/watch?v=woef-UeFtgQ.

7   Ed Sheeran and Phillip Butah, *Ed Sheeran: A Visual Journey* (London: Cassell Illustrated, 2017).

8   "Ed Sheeran," IMDb, https://www.imdb.com/name/nm3247828/, accessed October 17, 2024.

9   Sheeran and Butah, *Ed Sheeran*, 68.

10   George P. Hollenbeck and Douglas T. Hall, "Self-Confidence and Leader Performance," *Organizational Dynamics* 33, no. 3 (2004): 254. 11. Ibid.

제2장 인생을 바꾸는 최소 단위의 연습

1   Sean Saldana, "An Oral History of the Nike Cortez, 50 Years After Its Release," NPR, February 15, 2022, https://www.npr.org/2022/02/15/1077040201/nike-cortez-50-anniversary-history-los-angeles.

2   "Nike Market Cap," Stock Analysis, https://stockanalysis.com/stocks/nke/market-cap/, accessed October 17, 2024.

3   Kenny Moore, *Bowerman and the Men of Oregon: The Story of Oregon's Leg-endary Coach and Nike's Cofounder* (Emmaus, PA: Rodale Books, 2006).

4   Phil Knight, *Shoe Dog: A Memoir by the Creator of Nike* (New York: Scribner, 2016), 44, Kindle edition.

5   Albert Bandura, "Self-Efficacy," in *Encyclopedia of Human Behavior*, ed. V. S. Ramachaudran (New York: Academic Press, 1994), 4:71–81. Reprinted in *Encyclopedia of Mental Health*, ed. H. Friedman (San Diego: Academic Press, 1998). Emphasis added.

6   Teresa M. Amabile and Steven J. Kramer, "The Power of Small Wins," *Harvard Business Review*, May 2011, https://hbr.org/2011/05/the-power-of-small-wins. Emphasis added.

7   Daniel F. Chambliss, "The Mundanity of Excellence: An Ethnographic
     Report on Stratification and Olympic Swimmers," *Sociological Theory* 7,
     no. 1 (1989): 70 – 86.

제3장 내면에 불을 지피는 5가지 에너지 부스터

1   "Chemical Kinetics," Life Sciences 1A, Harvard University, https://
     projects.iq.harvard.edu/files/lifesciences1abookv1/files/4_-_chemical_
     kinetics.pdf.

2   Jaime L. Kurtz, "Activation Energy: How It Keeps Happiness at a Dis-
     tance," *Psychology Today*, July 10, 2016, https://www.psychologytoday.
     com/us/blog/happy-trails/201607/activation-energy-how-it-keeps-
     happiness-distance.

3   Amy Cuddy, "Your Body Language May Shape Who You Are," You
     Tube, posted by QuickTalks, June 26, 2012, https://www.youtube.
     com/watch?v=r7dWsJ-mEyI.

4   Tracy Brower, "Boost Productivity 20%: The Surprising Power of Play,"
     Forbes, March 3, 2019, https://www.forbes.com/sites/tracybrower/
     2019/03/03/boost-productivity-20-the-surprising-power-of-play/.

5   "Excessive screen time has been associated with increased levels of
     anxiety and depression and poor sleep quality." And "a brain overload
     could come as a result of the easy access to information through
     electronic devices and social media⋯[leading to] an increase in the
     production of the stress hormone, cortisol, as well as the fight-or-
     flight hormone, adrenaline, in response." Jasmin Elphic, "Stop
     Scrolling: How to Maintain a Healthy Relationship with Your Phone," St.
     Mary's Health Care System, July 20, 2022, https://www.stmary
     shealthcaresystem.org/brand-journalism/blogs/stop-scrolling-how-
     to-maintain-a-healthy-relationship-with-your-phone.

제4장 5가지 에너지 킬러를 물리치는 법

1   Vijay Balasubramanian, "Brain Power," *Proceedings of the National Academy of Sciences* 118, no. 32 (2021): e2107022118, https://www.ncbi.nlm.nih.gov/pmc /articles/PMC8364152/.

2   Elizabeth Scott, PhD, "Eustress Is the Good Type of Stress You Didn't Know You Needed," Verywell Mind, December 8, 2023, https://www.verywellmind.com/what-you-need-to-know-about-eustress-3145109.

3   Brad Stulberg, "The Growth Equation: Stress + Rest = Growth," Medium, Thrive Global, May 31, 2017, https://medium.com/thrive-global/the-growth-equation-stress-rest – growth-de95a5cdcd1d.

제5장 머리로만 아는 사람 vs. 행동하는 사람

1   Farahnaz A. Wick, Abla Alaoui Soce, Sahaj Garg, River Grace, and Jeremy M. Wolfe, "Perception in Dynamic Scenes: What Is Your Heider Capacity?," *Journal of Experimental Psychology: General* 148, no. 2 (2019): 252.

2   Sean Howe, *Marvel Comics: The Untold Story* (New York: Harper, 2012).

3   "How Stan Lee Helped Revolutionize Comic Books," PBS NewsHour, aired November 16, 2018, https://www.pbs.org/newshour/show/how-stan-lee-helped-revolutionize-comic-books.

4   Howe, *Marvel Comics*.

5   Stefanos Triantafyllos, "Heated Debate Around Antetokounmpo's Home Reflects Rift in Birthplace of Democracy," NBA Global, July 8, 2013, https://web.archive .org/web/20160610151612/http://www.nba.com/global/antetokounmpo_center_of_heated_debate_greece_2013_07_08.html; Lee Jenkins, "Freak Unleashed: Greek Freak," Time, January 3, 2017, https://time.com/collection/american-voices-2017/4624632/giannis-antetokounmpo-american-voices/; Matthew La Corte, "Giannis Antetokounmpo's Immigrant Story and the Internationali

zation of the NBA," Niskanen Center, July 20, 2021, https://www.niskanencenter.org/giannis-antetokounmpos-immigrant-story-and-the-internationalization-of-the-nba/.

6   JP Mangalindan, "Why Amazon's Fire Phone Failed," *Fortune*, September 29, 2014, https://fortune.com/2014/09/29/why-amazons-fire-phone-failed/.

7   Austin Carr, "The Inside Story of Jeff Bezos's Fire Phone Debacle," *Fast Company*, January 6, 2015, https://www.fastcompany.com/3039887/under-fire.

8   Eugene Kim, "Amazon CEO Jeff Bezos Explains Why the Fire Phone Disaster Was Actually a Good Thing," *Business Insider*, May 18, 2016, https://www .businessinsider.com/jeff-bezos-why-fire-phone-was-a-good-thing-2016-5.

9   Sonja A. Kotz et al., "Neuroanatomical Substrates of Continuous Adaptation to Cognitive and Communicative Demands," *Nature Communications* 10, no. 1 (2019); "Early Career Failures Can Make You Stronger in the Long Run," Kellogg Insight, October 1, 2019, https://insight.kellogg.northwestern.edu/article/early-setbacks-failure-career-success; David Noonan, "Failure Found to Be an 'Essential Prerequisite' for Success," *Scientific American*, October 30, 2019, https://www.scientificamerican.com/article/failure-found-to-be-an-essential-prerequisite-for-success/.

10 Noonan, "Failure Found to Be an 'Essential Prerequisite' for Success."

11 Erica R. Hendry, "7 Epic Fails Brought to You by the Genius Mind of Thomas Edison," *Smithsonian Magazine*, November 20, 2013, https://www.smithsonianmag.com/innovation/7-epic-fails-brought-to-you-by-the-genius-mind-of-thomas-edison-180947786/.

12 Lucy Cox, "Gen Z's Military Malaise," *Berkeley Political Review*, February 27, 2024, https://bpr.studentorg.berkeley.edu/2024/02/27/

gen-zs-military-malaise/.

13 "Biographies: George Washington," National Museum of the United States Army, https://www.thenmusa.org/biographies/george-washington/.

제6장 두려움을 잠재우고 단단한 마음으로

1 Alizabeth Lord Jetter, "A Qualitative Exploration of Courage" (MA thesis, Pepperdine University, 2010), https://digitalcommons.pepperdine.edu/cgi/viewcontent.cgi?article=1080&context=etd.

2 Dorit Haim-Litevsky, Reut Komemi, and Lena Lipskaya-Velikovsky, "Sense of Belonging, Meaningful Daily Life Participation, and Well-Being: Integrated Investigation," *International Journal of Environmental Research and Public Health* 20, no. 5 (2023): 4121.

3 Jennifer Saibil, "Warren Buffett Predicted This Scenario, and It Could Play Out Again," The Motley Fool, June 16, 2023, https://www.fool.com/investing/2023/06/16/warren-buffett-predicted-this-scenario-and-it-coul/.

4 Pippa Stevens, "This Chart Shows Why Investors Should Never Try to Time the Stock Market," CNBC, March 24, 2021, https://www.cnbc.com/2021/03/24/this-chart-shows-why-investors-should-never-try-to-time-the-stock-market.html.

5 Saibil, "Warren Buffett Predicted This Scenario."

6 Justin Sablich, "How Scared Should You Be of Flying?," *New York Times*, August 10, 2017, https://www.nytimes.com/interactive/2017/08/10/travel/flight-safety-quiz-turbulence-american-airlines.html.

7 Daniel F. Chambliss, "The Mundanity of Excellence: An Ethnographic Report on Stratification and Olympic Swimmers," *Sociological Theory* 7, no. 1 (1989): 70-86.

8 Ibid. Emphasis added.

제7장 적절한 긴장은 성장의 기폭제가 된다

1   Eugene H. Peterson, *The Message: The Bible in Contemporary Language* (Colorado Springs, CO: NavPress, 2022), 1 Sam. 17:34 – 37.

2   MasterClass Staff, "Writing 101: What Is the Hero's Journey?," Master Class, last updated September 3, 2021, https://www.masterclass.com/articles/writing-101-what-is-the-heros-journey#1NSljBEzxqOZEInr ZJXwqp.

3   James L. Mandigo and Nicholas L. Holt, "Putting Theory into Practice: Enhancing Motivation Through OPTIMAL Strategies," *Revue phénEPS/ PHEnex Journal* 1, no. 1 (2009).

4   Paul Gwamanda, "Kobe Bryant and His Insane Work Ethic," Medium, October 16, 2020, https://paul-gwamanda.medium.com/kobe-bryant-and-his-insane-work-ethic-7c3e92094bc6.

5   Evan Andrews, "9 Things You May Not Know About Michelangelo," History.com, last updated August 7, 2023, https://www.history.com/news/9-things-you-may-not-know-about-michelangelo; "The Story of Michelangelo's David," Victoria and Albert Museum, https://www.vam.ac.uk/articles/the-story-of – michelangelos-david.

제10장 내가 걸은 길이 삶을 바꾸는 유일한 방법이다

1   Rachel E. White, Emily O. Prager, Catherine Schaefer, Ethan Kross, An-gela L. Duckworth, and Stephanie M. Carlson, "The 'Batman Effect': Im-proving Perseverance in Young Children," *Child Development* 88, no. 5 (2017): 1563 – 71.

2   Ibid. Emphasis added.